essentials

Essentials liefern aktuelles Wissen in konzentrierter Form. Die Essenz dessen, worauf es als „State-of-the-Art" in der gegenwärtigen Fachdiskussion oder in der Praxis ankommt. Essentials informieren schnell, unkompliziert und verständlich

- als Einführung in ein aktuelles Thema aus Ihrem Fachgebiet
- als Einstieg in ein für Sie noch unbekanntes Themenfeld
- als Einblick, um zum Thema mitreden zu können

Die Bücher in elektronischer und gedruckter Form bringen das Expertenwissen von Springer-Fachautoren kompakt zur Darstellung. Sie sind besonders für die Nutzung als eBook auf Tablet-PCs, eBook-Readern und Smartphones geeignet.

Essentials: Wissensbausteine aus den Wirtschafts, Sozial- und Geisteswissenschaften, aus Technik und Naturwissenschaften sowie aus Medizin, Psychologie und Gesundheitsberufen. Von renommierten Autoren aller Springer-Verlagsmarken.

Weitere Bände in dieser Reihe
http://www.springer.com/series/13088

Annika Schach · Cathrin Christoph

Compliance in der Unternehmenskommunikation

Strategie, Umsetzung und Auswirkungen

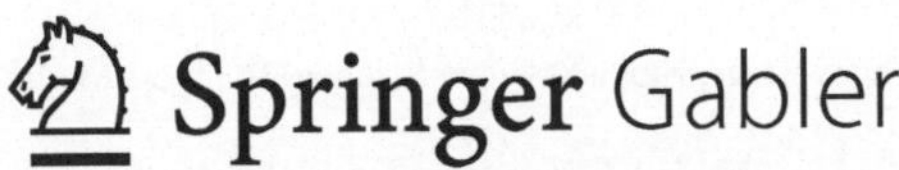
Springer Gabler

Dr. Annika Schach
Hochschule Hannover
Deutschland

Prof. Dr. Cathrin Christoph
ISM International School of Management
Hamburg
Deutschland

Ergänzendes Material finden Sie auf http://www.springer.com/978-3-658-09471-3

ISSN 2197-6708
essentials
ISBN 978-3-658-09470-6
DOI 10.1007/978-3-658-09471-3

ISSN 2197-6716 (electronic)

ISBN 978-3-658-09471-3 (eBook)

Die Deutsche Nationalbibliothek verzeichnet diese Publikation in der Deutschen Nationalbibliografie; detaillierte bibliografische Daten sind im Internet über http://dnb.d-nb.de abrufbar.

Springer Gabler
© Springer Fachmedien Wiesbaden 2015

Gedruckt auf säurefreiem und chlorfrei gebleichtem Papier

Springer Fachmedien Wiesbaden ist Teil der Fachverlagsgruppe Springer Science+Business Media
(www.springer.com)

Was Sie in diesem Essential finden können

- Die Kommunikation von Compliance-Themen sollte strategisch angelegt sein und einem konzeptionellen Prozess folgen, um nachhaltige Akzeptanz für das Regelwerk zu erreichen.
- Für die erfolgreiche Implementierung eines Compliance-Systems ist die Stärkung der Compliance-Kultur ebenso wichtig wie die umfassende Information.
- Die Textsorte „Code of Conduct" folgt als Verschriftlichung der Compliance-Regeln einer spezifischen sprachlichen und inhaltlichen Struktur, um komplexe juristische Richtlinien und ethische Unternehmenswerte motivierend zu kommunizieren.
- Public Relations selbst unterliegen in Deutschland zahlreichen gesetzlichen Vorschriften und Branchenrichtlinien. Gleichzeitig wächst unter Journalisten und Medienrezipienten die Sensibilisierung für Compliance-Fragen. Insofern ist das normenkonforme Verhalten der Unternehmenskommunikation und insbesondere der Pressestellen ein wichtiges Feld der Corporate Compliance.
- Wird in den Medien über Compliance-Verstöße berichtet, kann dies weitreichende Folgen für Personen und Unternehmen haben und deren Reputation bedrohen. Umgekehrt ist gute Compliance auch ein guter Anlass für aktive Medienarbeit.
- Für die vertiefende Lektüre zu diesem Essential stehen **die zentralen PR- und Presse-Kodizes als OnlinePlus-Materialien auf www.springer.com zum Download** zur Verfügung.

Inhaltsverzeichnis

Einleitung

1

Das Thema Compliance ist heute in kleinen, mittleren und großen Unternehmen ein wichtiges Thema geworden, das bisweilen in neu geschaffenen Abteilungen koordiniert wird. Es geht dabei um die verbindliche Festlegung von Verhaltensrichtlinien, die alle Bereiche der Geschäftstätigkeit umfassen. Für die Unternehmen ist die Einhaltung dieser Richtlinien durch alle Mitarbeiter heute von besonderer Bedeutung. Denn zu den juristischen und haftungsrechtlichen Fragen, die ein Verstoß nach sich ziehen kann, ist die Öffentlichkeit in hohem Maß sensibilisiert. Wird ein Verstoß gegen eine rechtliche Grundlage publik, bzw. wird er auf der medialen Agenda thematisiert, so kann eine kommunikative Krise mit der Gefahr eines Image- und Reputationsschadens die Folge sein. Für die Unternehmen bedeutet das aus betriebswirtschaftlicher Perspektive höhere Kosten für die Wiederherstellung der Reputation, wenn dies überhaupt möglich sein sollte, und für die Unternehmenskommunikation einen langwierigen Prozess, das Vertrauen zu relevanten Stakeholdern wieder aufzubauen. Unternehmerisches Handeln, das sich an ethischen Maßstäben orientiert, ist zudem zu einem Erfolgsfaktor geworden. Im Wettbewerb mit anderen Unternehmen oder im Prozess von Bieterverfahren haben die Unternehmen die Nase vorn, die ein gutes Compliance-System vorweisen können. Der Deutsche Corporate Governance Kodex (DCGK) definiert Compliance als die in der Verantwortung des Vorstands liegende Einhaltung der gesetzlichen Bestimmungen und unternehmensinternen Richtlinien (http://www.dcgk.de/de/kodex.html). Doch Compliance geht über die reine Orientierung an Gesetzen hinaus und integriert ethische Standards, die Unternehmen als Grundlage ihrer Geschäftstätigkeit definieren:

▶ **Begriff** „Der Begriff Compliance steht für die Einhaltung von gesetzlichen Bestimmungen, regulatorischer Standards und Erfüllung weiterer, wesentlicher und

© Springer Fachmedien Wiesbaden 2015   1
A. Schach, C. Christoph, *Compliance in der Unternehmenskommunikation*, essentials,
DOI 10.1007/978-3-658-09471-3_1

in der Regel vom Unternehmen selbst gesetzter ethischer Standards und Anforderungen" (Krügler 2011, S. 50).

Aber war es nicht schon immer selbstverständlich, dass sich Unternehmen an Gesetze halten – ebenso wie an eigene Grundsätze und an die Richtlinien ihrer Branche? Ist Compliance insofern nicht schlichtweg alter Wein in neuen Schläuchen? Ja und nein. Denn zwar gab es schon immer Gesetze und Normen, an die sich die Unternehmen halten mussten oder sollten. Doch im 21. Jahrhundert haben Unternehmen und Medien dank Internet und Social Media ihre Kommunikationshoheit verloren. Anspruchsgruppen, die einstmals nur Empfänger einer asymmetrischen Kommunikation waren, begegnen dem Absender heute auf Augenhöhe und sind selbst in der Lage, massenkommunikative Prozesse in Gang zu setzen. Whistleblower-Systeme online oder in den Redaktionen sowie flächendeckend verbreitete Smartphones mit Foto-, Video- und Tonband-Funktion beschleunigen diese Entwicklung. Das Fehlverhalten eines Unternehmens beziehungsweise seiner Mitarbeiter kann deshalb sehr viel einfacher an die Öffentlichkeit gelangen und auf diese Weise zu Reputationsschäden führen. Gleichzeitig fordern die Anspruchsgruppen immer mehr Transparenz von den Unternehmen ein. Umso wichtiger ist es, jeden einzelnen Mitarbeiter für Compliance zu sensibilisieren.

Hinzu kommt: Viele Unternehmen sind international tätig und müssen somit auch die internationale Wirkung von nationalen Gesetzen beachten. Strengere materielle Verhaltensanforderungen in nationalen und ausländischen Rechtsordnungen, einschließlich steuerrechtlichen Änderungen, stellen Herausforderungen dar. Zudem kommt es zu einer Verschärfung der Rechtsfolgen bei Verstößen und einem verstärkten Eingreifen von Aufsichts- und Strafverfolgungsbehörden. Die höhere öffentliche Wahrnehmung, aber auch die gezielte Überprüfung eines funktionierenden Compliance-Systems macht die Beschäftigung mit diesem Thema für Unternehmen nahezu verpflichtend. Als Ziele von Compliance können aus betriebswirtschaftlicher Sicht somit die Risikominimierung sowie Effizienz- und Effektivitätssteigerung beschrieben werden (Eckert 2014, S. 19).

Die Relevanz von Compliance-Richtlinien ist daher hoch anerkannt und wird in den Unternehmen entsprechend entwickelt. Die Kommunikation spielt für die erfolgreiche Implementierung von Compliance-Richtlinien oder Code of Conducts eine entscheidende Rolle. Denn platt gesagt: Was nutzen die schönsten Regeln, wenn die Mitarbeiter sie nicht kennen, nicht akzeptieren und umsetzen?

Verschiedene Maßnahmen der internen und externen Kommunikation sind nötig, um alle relevanten Stakeholder zu erreichen. Die Vorgehensweise bei der Einführung muss sich eines strategischen und konzeptionellen Prozesses bedienen, um eine Nachhaltigkeit der Maßnahmen sicherzustellen. Unsystematische Schnellschüsse und kurzfristige Maßnahmen führen selten zu einer nachhaltigen Einführung. Für eine erfolgreiche Implementierung eines neuen Compliance-Systems ist es jedoch nicht damit getan, Broschüren oder Infomaterialen zu produzieren. Elemente der Internen Kommunikation, der Change Communication, des Wertmanagements und der Krisenkommunikation müssen in eine Gesamtkonzeption münden, die die strategische Richtschnur für die Einzelmaßnahmen bildet. Wie sollte eine zielführende Analyse der Ausgangssituation aussehen, welche strategischen Vorüberlegungen sind zu treffen und welche taktischen Maßnahmen sollten umgesetzt werden? In der Entwicklung eines Compliance-Systems und der Kommunikationsstrategie im Unternehmen kommt es zu Schnittmengen unterschiedlicher Entscheidungsträger und Abteilungen. Wenn es im Unternehmen keine eigenständige Compliance-Abteilung gibt, sind die Rechtsabteilung und die Personalabteilung in enger Abstimmung mit der Geschäftsführung involviert. Die kommunikative Implementierung des Regelwerks obliegt der Unternehmenskommunikation oder PR-Abteilung. Die Aufgabe besteht darin, die juristisch wasserdichten Texte in eine verständliche und motivierende Sprache zu „übersetzen", die eine Überzeugung der Mitarbeiter ermöglicht. Allerdings werden laut einer Studie des Compliance Communication Center aus dem Jahr 2012 viele Compliance-Projekte nur mit geringer Beteiligung der internen Kommunikation begleitet und umgesetzt. Die Kooperation mit unternehmensinterner Kommunikation beschränkte sich bis dato auf operative Ausführung von Kommunikationsmaßnahmen:

„Von der Unternehmenskommunikation erwarten die Compliance-Verantwortlichen vor allem operativen Support bei der Umsetzung der eigenen Vorgaben, wie bei der Erstellung von Publikationen, bei der Behandlung von Compliance-Themen im Intranet oder der Mitarbeiterzeitung. Eine strategische, langfristige Zusammenarbeit besteht weder mit der externen noch mit der internen Unternehmenskommunikation" lautet ein Ergebnis der Befragung von 97 Compliance-Verantwortlichen in deutschen Unternehmen. (Kamm und Rademacher 2012)

Ein Umdenken in den Unternehmen ist jedoch spürbar: Das Thema Compliance-Kommunikation wird immer stärker als sensibles Aufgabenfeld der Kommunikations-Abteilungen wahrgenommen und anerkannt. Die Studie zeigte zudem, dass Compliance-Management in eine zweite Entwicklungsphase eintritt: Die Vermeidung von Reputationsschäden sei laut Aussagen der Befragten der wichtigste Grund, der künftig für die Verbesserung des Compliance-Managements spricht, noch vor den Risiken der Strafverfolgung. Eine Verschiebung der Risiken bewirkt somit auch eine Verschiebung der Anforderungen an die Kommunikation, von einer reinen Maßnahmenimplementierung zu einer kommunikativen Kampagne mit strategischer Ausrichtung bis zur Erfolgskontrolle.

Compliance-Themen vermitteln 2

Viele große Unternehmen haben heute eine interne Compliance-Organisationen oder -abteilung aufgebaut, mittelständische Unternehmen arbeiten häufig mit Compliance-Beauftragten. Im April 2011 hat das Institut der Wirtschaftsprüfer in Deutschland (IDW) den Prüfungsstandard „Grundsätze ordnungsgemäßer Prüfungen von Compliance Management Systemen (IDW PS 980)" publiziert, um der Industrie eine unabhängige Grundlage zur Beurteilung solcher Systeme an die Hand zu geben. In Abb. 2.1 sind die Grundelemente eines Compliance-Management-Systems nach IDW PS 980 dargestellt.

Nach Vetter existieren fünf Elemente von Compliance: Dokumentation, Risikoanalyse, Verpflichtung, Organisation und Kommunikation. Die Kommunikation ist demnach für die authentische Darstellung der Compliance-Standards durch das Management verantwortlich (Vetter 2008, S. 39). Die Rolle der Kommunikation muss jedoch im Zuge einer wirkungsvollen Compliance-Kommunikation langfristig strategisch angelegt sein und einen internen Veränderungsprozess anstoßen (vgl. Möhrle 2011, S. 42).

Denn wie bereits in der CMS-Übersicht nach IDW PS 980 dargestellt, nimmt die Compliance-Kultur eine zentrale Rolle in dem Prozess ein. Dadurch wird die Grundlage für die Wirksamkeit des CMS geschaffen.

▶ **Begriff** Mit dem Begriff der Compliance-Kultur werden die Grundeinstellungen, Verhaltensweisen und Werte zusammengefasst, die von der Unternehmensleitung vermittelt und im Unternehmen berücksichtigt werden.

© Springer Fachmedien Wiesbaden 2015
A. Schach, C. Christoph, *Compliance in der Unternehmenskommunikation*, essentials,
DOI 10.1007/978-3-658-09471-3_2

Grundelemente eines CMS nach IDW PS 980

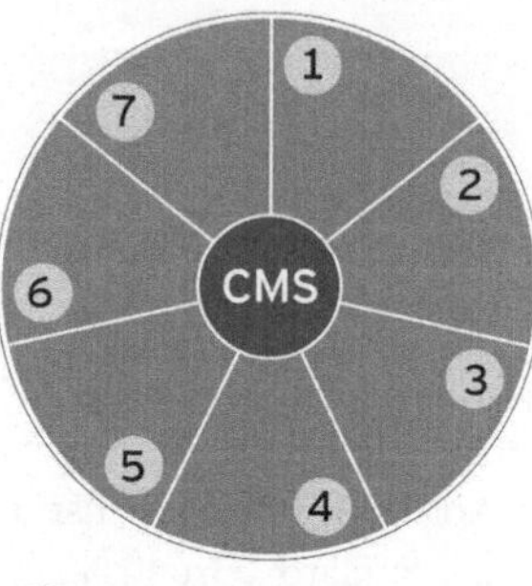

Abb. 2.1 Grundelemente eines CMS nach IDW PS 980. (Quelle: Ernst & Young)

Alle Mitarbeiter sollten erkennen, welche Vorteile das Compliance-System auch konkret für ihre Arbeitsbereiche bringt. Eine offene Kommunikationskultur fördert somit die Implementierung:

> Sie wirkt begünstigend für die Erreichung von Compliance, weil Mitarbeiter eher bereit sein werden, Zweifelssituationen offen anzusprechen, um den richtigen Umgang mit diesen Situationen zu klären oder Versäumnisse zuzugeben. Mitarbeiter sollten daher ausdrücklich ermutigt werden, mit allen Compliance-Angelegenheiten auf den Compliance-Verantwortlichen, ihren Vorgesetzten oder die Unternehmensleitung zuzugehen. (Eckert 2014, S. 25)

Ein Compliance-Programm oder auch ein Hinweisgebersystem stößt auf eine sehr viel höhere Akzeptanz, wenn ein Unternehmen über eine positive Kultur verfügt.

Somit setzt die kommunikative Arbeit nicht erst in den informativen Maßnahmen nach der Implementierung des Systems im Unternehmen an. Die interne Compliance-Kultur wirkt sich aber auch auf die externe Wahrnehmung des Unternehmens aus. Kunden, Investoren, Lieferanten und weitere Stakeholder des Unternehmens erkennen die Bedeutung, die das Unternehmen der Beachtung von Regeln beimisst. Auch für die mediale Wahrnehmung ist eine strategische Kommunikation des Compliance-Systems wichtig. Eine wirksame Compliance-Kultur erfordert aber neben der Kommunikation des Regelwerkes ebenso eine Spiegelung der Grundsätze im tatsächlichen Handeln und Auftreten aller Unternehmensverantwortlichen auf allen Managementebenen. Werte können nur glaubhaft vermittelt werden, wenn diese auch erkennbar von den Vermittelnden selbst gelebt werden. Den Führungskräften kommt demnach eine besondere Vorbildfunktion zu.

Die Kommunikation von Compliance umfasst nicht nur die Einbeziehung von externer und interner Unternehmenskommunikation. Erfolgreiches Compliance-Management und die Implementierung sind darüber hinaus auch an der Schnittstelle verschiedener kommunikativer Disziplinen und Themenbereiche angesiedelt, wie Abb. 2.2 zeigt.

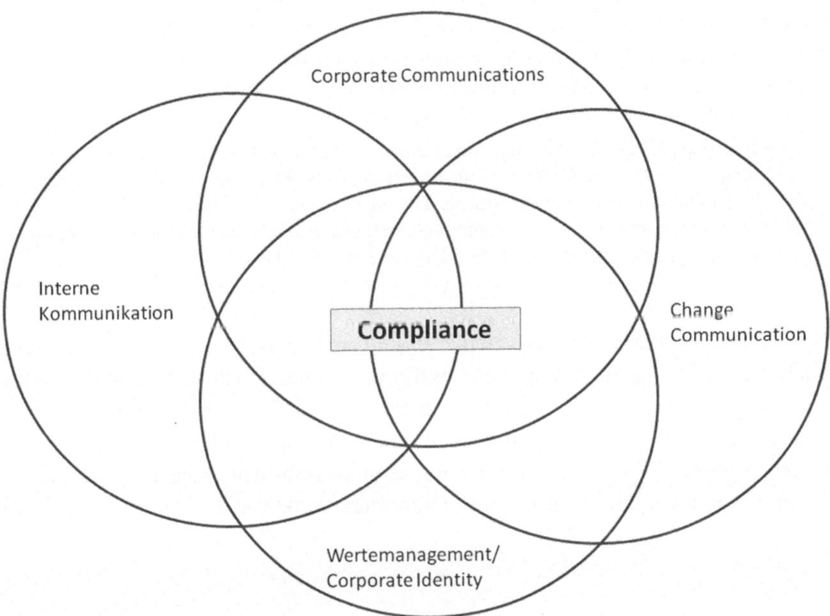

Abb. 2.2 Schnittmengen der Compliance-Kommunikation. (Quelle: eigene Darstellung)

Die Kommunikation einer neuen Compliance-Richtlinie ist zunächst eine klassische Aufgabe der Internen Kommunikation, da im ersten Schritt alle Mitarbeiter aller Ebenen adressiert werden. An dieser Stelle ist eine reibungslose Zusammenarbeit mit der Personalkommunikation ein wichtiger Erfolgsfaktor, da häufig auch die Bereiche Personal und Recht einem Vorstandsbereich untergeordnet sind. Die Ansatzpunkte zum Wertemanagement, der Corporate Identity und des Leitbildes eines Unternehmens ergeben sich durch die inhaltliche Nähe zur Compliance-Richtlinie. Das Leitbild eines Unternehmens und die definierten Werte sind daher häufig die Grundlage in der Kommunikation der Compliance-Regeln und werden in den meisten Fällen dem Code of Conduct vorangestellt: „Die schlüssige Verbindung zwischen Regelwerk und Wertekultur hilft allen Beteiligten, vor allem aber den Verantwortlichen in Managementpositionen, „compliant" zu agieren und zu führen" (A&B ONE FOLIO, S. 9). Das Ziel einer erfolgreichen Implementierung muss die Integration in die Unternehmenskultur sein, ein interner Veränderungsprozess ist notwendig. Die Verbindung zum Change Management, der Kommunikation von Veränderungsprozessen, liegt in der Schaffung von Verhaltenssicherheit für die Mitarbeiter. Ähnlich wie bei klassischen Veränderungsprozessen wie Zukäufen, Verkäufen und Änderungen in den Unternehmensstrukturen wird die Einführung von Compliance-Richtlinien einen Prozess des Umdenkens in vielen Unternehmen erfordern. Dabei sind ebenfalls der Integrationsgrad und die Unternehmenskultur ein wichtiges Fundament zur Schaffung von Akzeptanz für die Regeln und Verhaltenssicherheit in ihrer Umsetzung:

> Orientierungssicherheit, die die Navigation durch unwegsames, unsicheres oder unbekanntes Gelände erleichtern soll, bedarf einer höheren Integration der Akteure in ein Unternehmen. Denn Integration ist mit (Verhaltens)Wissen verbunden, und Wissen wiederum stärkt die (Verhaltens)Sicherheit, die sich ihrerseits positiv auf die Orientierung auswirkt. (Buchholz und Knorre 2012, S. 44)

Die Führungskräfte und die Geschäftsführung spielen in der Kommunikation eine wichtige Rolle. Um die Wichtigkeit des Themas zusätzlich zu unterstreichen, sollten Compliance-Standards zudem zu einem Teil der Zielvorgaben und Zielerreichungsgespräche zwischen Mitarbeitern und Führungskräften werden. Darüber hinaus sollten die Compliance-Grundaussagen in Auszügen in das Leitbild und die Formulierung der Unternehmenswerte integriert werden.

2.1 Kommunikationsstrategie für Compliance-Programme

Die Kommunikation eines neuen Compliance-Systems im Unternehmen bedarf einer sorgfältigen Analyse der Ausgangssituation, der Entwicklung einer zielgruppenorientierten Kommunikationsstrategie und ihrer taktischen Umsetzung. Die Konzeption orientiert sich an der Konzeptionslogik einer Kommunikationskampagne, wie sie auch beispielsweise für ein neues Produkt, eine kommunikative Jahresplanung oder für unternehmensrelevante Themen erstellt würde.

Dabei ist das Minimalziel die Schaffung von Aufmerksamkeit, die eigentliche Zielsetzung jedoch, Vertrauen in die Glaubwürdigkeit der Organisation und Zustimmung zu den eigenen Intentionen oder aber Anschlusshandeln zu erzeugen.

Jede Kommunikationskampagne sollte einen hohen Wiederkennungswert besitzen, um in den Köpfen der Zielgruppe fest verankert und erinnert zu werden. Die Arbeit mit visuellen und audio-visuellen Elementen, einem einprägsamen Slogan, einem Symbol oder Logo oder einer Identifikationsfigur unterstützt die Einprägsamkeit einer solchen Kampagne und erhöht die Wiedererkennung.

Die flankierende Überzeugungsarbeit, um scheinbare Widersprüche zwischen der Compliance und dem täglichen Geschäft aufzulösen und ein Verständnis für den Mehrwert zu entwickeln, kann durch Führungskräfte geleistet werden. Sie haben eine Doppelrolle zu erfüllen, denn sie sind Vorbild für die Umsetzung der Regeln und Richtlinien, zugleich haben sie eine Vermittlungs- und Kontrollfunktion gegenüber ihren Mitarbeitern. Für die Kommunikation ist die Führungskraft einerseits Rezipient, der Sinn und Zweck eines funktionierenden Compliance-Systems verstehen muss, andererseits Kommunikator, der diese Vorteile gegenüber dem eigenen Team glaubhaft vermittelt und vorlebt (A&B ONE FOLIO, S. 14). In der Kommunikation der Relevanz und des Nutzens eines Compliance-Systems ist die Praxisrelevanz ein entscheidender Faktor. Denn nur wenn die Führungskräfte und die Mitarbeiter erkennen, dass das Regelwerk sich positiv auf die Arbeit auswirkt, können die kommunikativen Ziele erreicht werden. Daher muss eine Kampagne immer die Sichtweise der jeweiligen Zielgruppe im Blick haben und die Regeln in konkrete Situationen und Fallbeispiele übersetzen. Auch die Risiken und Folgen, die bestehen, wenn sich die Mitarbeiter nicht an die Compliance-Regeln halten, sollten Teil der Beispiele sein. Der Mehrwert des Compliance-Systems kann so in zielgruppenspezifischer Aufbereitung am besten gelingen.

Die klassischen Phasen eines Kommunikationskonzeptes sind Analyse, Strategie und Taktik. Im ersten Schritt analysieren Kommunikatoren die Ausgangssituation und machen eine Bestandsaufnahme bereits vorhandener Compliance-Maßnahmen. In vielen Fällen existieren bereits Regelwerke und Vorgaben, wie beispielsweise Freigabe- und Unterschriftenverordnungen, Verhaltenskodizes o. ä.

Ein sehr aussagekräftiges Analysetool im Vorfeld der Strategiebildung ist eine Mitarbeiterbefragung. Dadurch lassen sich der Wissensstand der unterschiedlichen Zielgruppen, sowie die Akzeptanz und mögliche Vorbehalte gegenüber dem Thema untersuchen. Das Untersuchungsdesign der Mitarbeiterbefragung bietet zudem eine Basis für die spätere Evaluation, indem nämlich dieselben Themenkomplexe vor und nach der Einführung des Systems erhoben werden können.

Aber auch die Analyse des aktuellen Kommunikationsauftritts, intern wie extern, ist eine wichtige Vorarbeit, um aktuelle Kommunikationskanäle, Instrumente, Inhalte, Corporate Identity, Corporate Design und die Tonalität der Ansprache zu erfassen. Durch eine Kommunikationsmittelanalyse kann ermittelt werden, wo es Ansatzpunkte zur Kommunikation des Compliance-Themas geben könnte, also welche Medien oder Kanäle bereits im Unternehmen etabliert sind und für die Compliance-Kommunikation genutzt werden können. Eine weitere wichtige Analysemethode ist die Wettbewerbsanalyse. Wie gehen andere Unternehmen der Branche mit dem Thema Compliance intern und extern um? Welche positiven und negativen Beispiele können Anregungen für die eigene Konzeption bieten? Die Ergebnisse der Analyse der Ausgangslage bieten die Grundlage für die Erarbeitung der zu kommunizierenden Inhalte, die gemeinsam mit den Compliance-Experten erarbeitet werden müssen. Es wird identifiziert, welche Eckdaten der Compliance-Richtlinien jeder Mitarbeiter vermittelt bekommen soll. Die Analyse mündet in einem fließenden Übergang zum strategischen Teil, indem die kommunikativen Ziele und die Zielgruppen definiert werden. Die Strategie der Vermittlung einer Compliance-Initiative entwickelt einen Wirkungshebel der Kommunikation, die immer sehr individuell auf das Unternehmen zugeschnitten wird. Die Strategie ist der Weg der Zielerreichung, der das Compliance-System bei allen relevanten internen und externen Stakeholdern zu einer hohen Bekanntheit und Akzeptanz bringt. Die Kommunikationsziele sind der zentrale erste Schritt in der Strategieentwicklung. Sie lassen sich in drei Bereich einordnen, die jeweils unterschiedliche Ebenen fokussieren (Schmidtbauer und Knödler-Bunte 2004, S. 131). Abbildung 2.3 stellt die Ebenen in Bezug zur Compliance-Kommunikation dar.

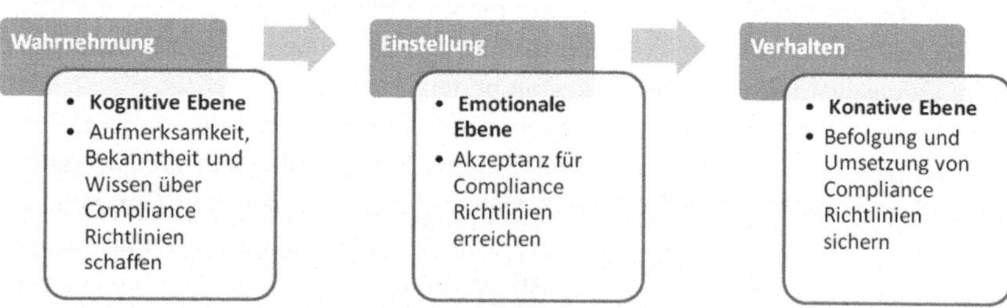

Abb. 2.3 Ziele der Compliance-Kommunikation. (Quelle: eigene Darstellung)

Zunächst gilt es, die definierten Wissensziele durch geeignete Information zielgruppenspezifisch anzugehen. Es muss ein realistisches Bild von der Relevanz der Compliance-Richtlinien geschaffen werden, um auch Widerstände und Vorbehalte abzubauen. Im zweiten Schritt soll ein positives Verständnis von Compliance in den Köpfen der Mitarbeiter verankert werden. Es geht darum, ein Commitment über die Notwendigkeit von Compliance zu erwirken, die jeder Mitarbeiter nachvollziehbar auch für seinen eigenen Arbeitsplatz erkennt. Somit muss die Relevanz auch auf verschiedene Arbeitsbereiche übersetzt werden, um eine Handlungssicherheit für jeden Mitarbeiter sicherzustellen – und somit das dritte Verhaltensziel zu erreichen. Die Definition der Zielgruppen wird bei der Ausformulierung der Ziele bereits mitgedacht, denn diese sind in der Compliance-Kommunikation breit gefächert. Kunden beispielsweise kommen mit Unternehmen nicht allein in ihren Rollen als „Käufer" oder „Konsumenten" in Kontakt, sondern in zahlreichen weiteren Rollen, z. B. als Leser einer Tageszeitung, als potenzieller Aktionär, als Bürger, als Anwohner oder als Mitarbeiter (Mast et al. 2005, S. 363 f). Abbildung 2.4 zeigt die wichtigsten Stakeholder einer Compliance-Kommunikation in einer Übersicht.

Die zentrale Zielgruppe einer Compliance-Kommunikation sind die Mitarbeiter. Innerhalb dieser Zielgruppe gilt es jedoch genau zu differenzieren. So ist die Relevanz der Compliance-Regeln für die verschiedenen Abteilungen eines Unternehmens unterschiedlich stark ausgeprägt. Mitarbeiter im Vertrieb oder Einkauf sind zum Beispiel weitaus häufiger von wirtschaftskriminellen Handlungen tangiert als Mitarbeiter in der Produktion. Neben dem Compliance-Risiko lässt sich die Zielgruppe der Mitarbeiter auch in Bezug auf die Positionsebene differenzieren. Die Compliance-Kommunikation muss in der Konzeption darauf eingehen und unterschiedlichen Ziel- und Botschaftsformulierungen sowie spezifischen Maßnahmen entwickeln. Die Ansprache jeder dieser internen Teilzielgruppen muss demnach eine eigene Tonalität besitzen, die jedoch mit der Corporate Identity des Unternehmens korrespondiert.

Zur Zielgruppe der Compliance-Kommunikation zählen ebenso die potenzielle Mitarbeiter, also Bewerber oder Fachkräfte, die das Unternehmen von sich überzeugen möchte. Insbesondere in den Branchen oder Fachbereichen, in denen ein Mangel an geeigneten Kräften herrscht, ist es für die Unternehmen wichtig, eine Arbeitgebermarke aufzubauen, die ein positives Image kommuniziert. In diesem Zusammenhang spielen jedoch die weichen Faktoren wie Unternehmenswerte oder ethisches unternehmerisches Handeln eine größere Rolle als die rechtlichen Regulierungen und Regeln.

Eine weitere wichtige Zielgruppe, die in der Compliance-Kommunikation jedes Unternehmens berücksichtigt werden muss, sind die Geschäftspartner, häufig

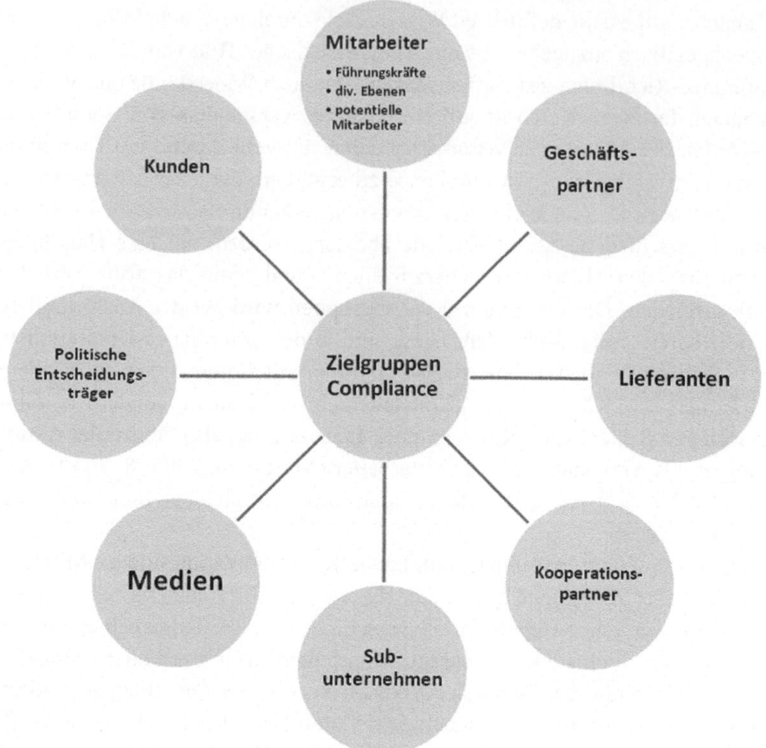

Abb. 2.4 Zielgruppen der Compliance-Kommunikation. (Quelle: Eigene Darstellung)

auch „Dritte" genannt. Dazu gehören Partnerunternehmen, Zulieferer, Kooperationspartner, Subunternehmer oder freie Mitarbeiter. Dritte sind wichtig für die Compliance-Strategie, weil ihr Fehlverhalten beispielsweise nach dem UK Bribery Act Haftungsrisiken mit sich bringt und sie darüber hinaus erheblichen Reputationsschaden anrichten können. Viele Unternehmen erwarten von ihren Geschäftspartnern ebenso strenge Compliance-Richtlinien, insbesondere auch in den Themenbereichen Ethik sowie soziale und ökologische Verantwortung. Fehlverhalten durch Zulieferer beispielsweise kann auch in der öffentlichen Wahrnehmung die Reputation des Unternehmens gefährden. Mittlerweile haben auch internationale Standards die Integration von Geschäftspartnern in die Compliance-Strategie als wichtigen Bestandteil des Compliance-Managements aufgenommen. Darin wird darauf hingewiesen, dass Geschäftspartner adäquat über die eingeführten Richtlinien und Verhaltensanweisungen informiert werden sollten (The Bribery Act 2010 Guidance, Principle).

Eine weitere wichtige Zielgruppe in der aktiven externen Kommunikation eines Compliance-Systems sind die Medien als Mittlerzielgruppe. Die Kommunikation über die Einführung eines Compliance-Systems stellt kein klassisches Thema für eine aktive Pressearbeit dar. Allerdings sollte die Compliance-Kommunikation dazu genutzt werden – eingebunden in weitere Maßnahmen – zur Darstellung des Unternehmens als verantwortungsbewusste Organisation mit ethischen und sozialen Werten beizutragen. Sollte es einmal zu einem Krisenfall im Unternehmen kommen, beispielsweise einem Verstoß gegen eine Compliance-Richtlinie mit strafrechtlichen Konsequenzen, kann eine langfristig angelegte Presse- und Medienarbeit sehr hilfreich sein. Die gepflegten Kontakte zu Journalisten verschaffen dem Unternehmen die Chance, die eigene Position realistisch darzustellen und somit handlungsfähig zu bleiben. Das Gleiche gilt auch für politische Entscheidungsträger im weitesten Sinne, damit sind auch politische Organisationen, Verbände und Initiativen gemeint, zu denen belastbare Kontakte aufgebaut werden sollten. Alles in allem kann man die Mitarbeiter, „Dritte" und Medien im ersten Schritt als die zentralen Zielgruppen für die Einführungskommunikation eines Compliance-Systems identifizieren. Für diese Zielgruppen gilt es, im Konzeptionsprozess kommunikative Botschaften zu entwickeln. Diese ergeben sich aus den definierten Zielen, sie werden in einer zielgruppenspezifischen Tonalität formuliert und enthalten die relevanten Inhalte, die durch die Maßnahmen vermittelt werden sollen.

Im strategischen Teil wird weiterhin die gewünschte Positionierung des Unternehmens festgelegt und eine kreative Leitidee für die Kampagne entwickelt. Eine Positionierung ist die Summe aller Botschaften, die in den Köpfen der Stakeholder vorhanden ist, und sie beschreibt den fokussierten, inhaltlichen Ausdruck der Alleinstellung eines Unternehmens. Sie präzisiert den angestrebten inhaltlichen Kommunikationsstatus. Daraus werden Kernbotschaften und Unterbotschaften entwickelt, die dann je nach Zielgruppe variieren können bzw. einen anderen Schwerpunkt setzen. Die Teilbotschaften berücksichtigen als nachgeordnete Aussagen die Unterschiede zwischen adressierten Stakeholdern, also beispielsweise unterschiedliche Wissensstände bezüglich des Themas Compliance. Im strategischen Teil und auch im gesamten Konzept ist es wichtig, dass eine argumentative Storyline entwickelt wird, ein kommunikativer „roter Faden", der dramaturgisch die kreative Leitidee umsetzt (Schach 2015, S. 136). Es geht um die Entwicklung einer Dramaturgie, einer Compliance-Story, die regelkonformes Verhalten im Unternehmen als Grundlage für den wirtschaftlichen Erfolg übersetzt – in

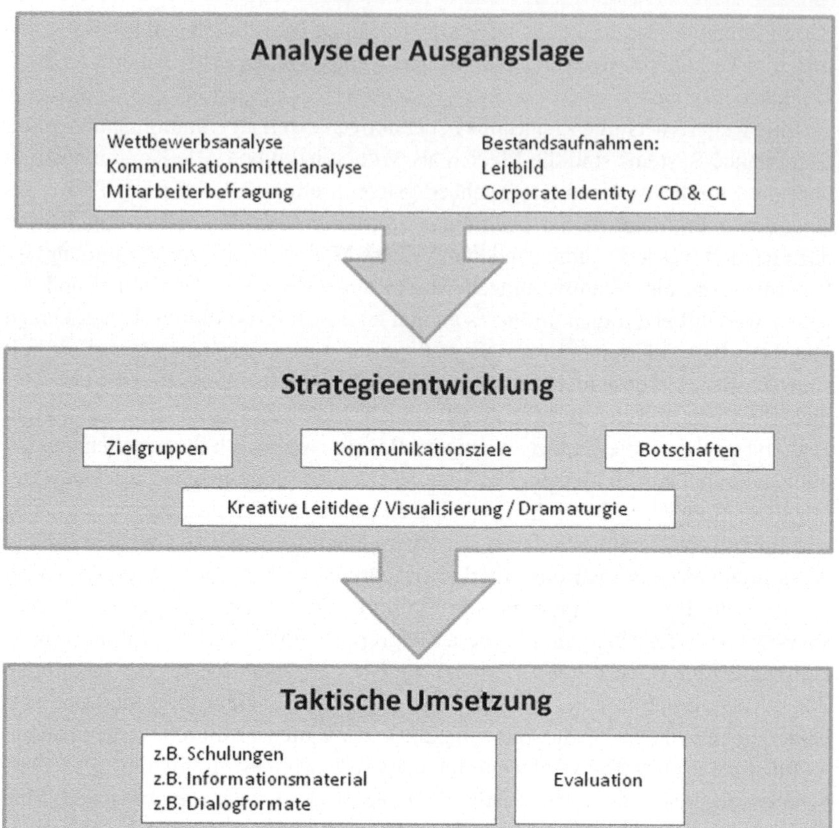

Abb. 2.5 Konzeptionsprozess Compliance-Kommunikation. (Quelle: eigene Darstellung)

der Sprache der Zielgruppen. Eine erfolgreiche kreative Leitidee ist beim Thema Compliance genauso wie bei vergleichbaren Konzeptionen immer durch einen hohen Grad an Visualisierung und Emotionalisierung geprägt, der die Mitarbeiter anspricht und motivierend wirkt. Die Arbeit mit einem visuellen Icon, einer Bildmarke kann hilfreich sein, da sich diese Elemente besser erinnern lassen.

Am Ende des Konzeptionsprozesses steht die Erfolgskontrolle, die Evaluierung der Maßnahmen, die bereits in der Planung angelegt werden müssen. Wie bereits angesprochen, sind Teile der Analyse dazu geeignet, bereits eine Basis für spätere Erfolgsmessung zu bilden.

Die Übersicht in Abb. 2.5 zeichnet die Schritte des Konzeptionsprozesses für die Implementierung eines Compliance-Systems nach.

Die Strategie-Entwicklung in der Compliance-Kommunikation ist Teamarbeit, denn die Abteilungen Compliance oder Recht, die Personalabteilung und die Unternehmenskommunikation müssen an einem Strang ziehen. Wie bereits anhand der Untersuchung dargestellt, ist es in der Praxis häufig so, dass die Kommunikationsabteilung lediglich in die Umsetzung der Maßnahmen eingebunden wird. Um eine konsequente Linie in der Kommunikation zu erreichen, Synergien in den Inhalten und Maßnahmen zu schaffen und auch die am Ende notwendige Erfolgskontrolle einzuleiten, ist der gesamte konzeptionelle Prozess wichtig. Der Input sollte von allen drei Abteilungen kommen: Die Compliance-Abteilung liefert die Inhalte und Themen und die organisatorischen Rahmenbedingungen, die auch auf der juristischen Perspektive beruhen. Die HR-Abteilung kann wertvolle Informationen zur Lern- und Führungskultur liefern, die beispielsweise bei der Konzeption von Schulungen hilfreich ist. Die Kommunikationsabteilung kann auf das kommunikative Know-how und die Vermittlung von Botschaften und Inhalten für unterschiedliche Zielgruppen zurückgreifen.

2.2 Maßnahmen der Implementierung von Compliance

Die interne Kommunikation eines neuen Compliance-Systems stellt das Herzstück der Kampagne dar, da zunächst alle Mitarbeiter informiert und involviert werden sollten. Verschiedene Maßnahmen sind für die interne Kommunikation denkbar. In jedem Fall sollte jedoch die hohe Bedeutung des Compliance-Themas dadurch vermittelt werden, dass die Geschäftsleitung in die Kommunikation eingebunden ist. Die Mitarbeiter sollen verstehen, dass das Regelwerk eng in die Unternehmenskultur eingebunden ist, für die Geschäftsleitung ebenso wie für Mitarbeiter gilt und somit auch eine Grundlage für ein stärkeres Wir-Gefühl im Unternehmen bilden kann. Compliance als Chefsache: Das kann durch verschiedene Maßnahmen vermittelt werden, beispielsweise durch ein „Tone from the Top"-Video der Geschäftsführung.

Bei den Maßnahmen zur Compliance-Kommunikation kann unterschieden werden zwischen solchen, bei denen man sich bestehender Kanäle und Medien bedient, und solchen, die speziell für die Compliance-Kommunikation entwickelt werden.

Das Compliance-Thema lässt sich optimal einbinden in bestehende Medien und Kanäle der internen und externen Kommunikation. Damit das Compliance-Thema über eine reine Informationsvermittlung zu einer echten Akzeptanz bei den Mitarbeitern führt, sind Trainingskonzepte ein wesentliches Kommunikationsinstrument. Die Durchführung von Compliance-Schulungen ist zentraler Bestandteil für die Implementierung von Compliance-Systemen. Der UK Bribery Act (UKBA) schreibt zudem regelmäßige Schulungen der Mitarbeiter vor. Dabei ist es sinnvoll, individuelle Schulungen zu konzipieren, die sich je nach Compliance-Sensibilität der jeweiligen Arbeitsplätze als auch nach der Führungsverantwortung differenziert. So kann gezielt darauf hin gearbeitet werden, dass die Mitarbeiter den Sinn und Zweck der Richtlinien für das Unternehmen und ihren Arbeitsplatz verinnerlichen und die Regeln berücksichtigen. In der Praxis können mehrstufige, zeitlich versetze eLearning-Schulungen sinnvoll sein. Das hat den Vorteil, dass alle Mitarbeiter, unabhängig von Urlaub, Erkrankungen oder externen Terminen an den Schulungen teilnehmen können. Bei einem hohen Risiko einer Mitarbeitergruppe aufgrund der Arbeitstätigkeit können jedoch Präsenzschulungen einen höheren Effekt erzielen – eine Face-to-Face-Situation mit der Möglichkeit einer persönlichen Vertiefung wäre in diesem Fall eher anzuraten. Denn es gibt auch Vorbehalte gegenüber digitalen Schulungen bei dem sensiblen Thema Compliance:

> Zu berücksichtigen ist nämlich auch hier, dass kulturelle Eigenheiten Wissensvermittlung und -aufnahme prägen. Vor allem ist die Bereitschaft, potenziell kritische Aspekte aus dem eigenen Arbeitsumfeld mitzuteilen, vom Vertrauen abhängig. Vertrauen entsteht aber regelmäßig nicht durch elektronisch vermittelten Datenaustausch, sondern durch direkte Kommunikation und das offene und vertraulich bleibende Gespräch unter Kollegen. (Kreuder 2011)

Bei der Ausarbeitung des Trainingskonzeptes sind zudem die arbeitsrechtlichen Bedingungen, insbesondere die der betrieblichen Mitbestimmung zu berücksichtigen.

Bei Unternehmen mit einem Betriebsrat bezieht sich das Mitbestimmungsrecht auf den Inhalt, den Umfang und die Methode der Schulungen. Ebenso kann der Betriebsrat Einfluss auf die Person nehmen, die die Schulungen durchführt – indem er Einspruch einlegt, wenn die Eignung nicht den Anforderungen entspricht. Darüber hinaus kann der Betriebsrat auch Teilnehmervorschläge machen. Wenn das Unternehmen durch elektronische Teilnehmerlisten einen Nachweis darüber führt, dass die Mitarbeiter an Schulungen teilnehmen, unterliegt dieser Vorgang ebenfalls einer Mitbestimmung des Betriebsrats, da eine Leistungs- und Verhaltenskontrolle der Mitarbeiter mittels einer technischen Einrichtung stattfindet.

Bei der inhaltlichen Planung der Compliance-Schulungen ist eine zielgruppenspezifische Konzeption wichtig. Dazu bedarf es einer Analyse der jeweiligen Interessen, Themen und Inhalte, die die Zielgruppe interessieren und die einen direkten Bezug zu ihrem Arbeitsplatz haben. So kann das Ziel einfacher erreicht werden, dass die Compliance-Regeln auch wirklich gelebt werden und nicht als störend und unwichtig empfunden werden. Welche Themen sind aktuell im Unternehmen und in der öffentlichen Wahrnehmung von Interesse? Gibt es dazu differierende Meinungen und Ansichten? Diese Fragen leiten die Vorbereitung der Inhalte für eine Compliance-Schulung, die ein regulatives, theoretisches Thema für die Mitarbeiter greifbar machen kann. Die Einbeziehung der Szenario-Technik, die den Best Case und den Worst Case mit den identifizierbaren Wahrscheinlichkeiten darstellt, kann anschaulich die Relevanz von Compliance vermitteln. Wichtig ist auch in der Schulungskonzeption eine Dramaturgie, einen roten Faden zu entwickeln und die nüchternen Regeln in eine Geschichte zu übersetzen. Es gilt immer: Je konkreter und realistischer, desto besser. Die Vorstellung von Fällen anderer Unternehmen und deren Konsequenzen macht diese auch für das eigene Unternehmen bewusst. Zudem gilt es, die Informationen zu verdichten, auf das Wesentliche zu reduzieren und somit eine klare Struktur zu schaffen, die sich jeder Mitarbeiter gut einprägen kann. Der Aufbau der Compliance-Schulung sollte nicht nur Frontalunterricht beinhalten, sondern, wenn möglich, auch dialogische Elemente und kleine eigene Arbeiten der Teilnehmer integrieren. Ein Workshop-Charakter hat häufig einen nachhaltigeren Effekt bei den Teilnehmern als eine reine „Frontalbeschallung". Je aktiver die Mitarbeiter in den Prozess eingebunden sind, desto eher fühlen sie sich integriert und werden zum internen Botschafter des neuen Regelwerks. Zum Abschluss der Lerninhalte kann durch Kontrollfragen oder einen Test überprüft werden, ob die Inhalte richtig verstanden wurden. Zudem helfen diese Methoden dabei, die Inhalte noch einmal zu reflektieren und somit nachhaltiger zu verstehen.

Für die Interne Kommunikation lassen sich verschiedene Maßnahmen konzipieren, die je nach Konzeption der Kampagne sinnvoll sein können. Im groben lassen sich die Einzelmaßnahmen in zwei Bereiche gliedern:

1. Kampagnen- und Informationsmaterial: Der Einsatz von Printprodukten oder die Bereitstellung von Informationsmaterial zur Kampagne ist ein wesentlicher Bestandteil der Kommunikation. Es ist wichtig zu ermitteln, wo und wie sich die Mitarbeiter informieren, sodass man sie mit den Materialien auch erreichen kann. Zudem sollten die Materialien auch in den Arbeitsalltag eingebunden werden können, das heißt sichtbar werden oder in kleineren Formaten individuell nutzbar sein. Die klassischen Instrumente sind das Kampagnen-Poster, Minibroschüren mit den wichtigsten Infos, Flyer oder Karten, die alle wesentlichen Informationen in übersichtlichen Text- und Bildelementen darstellen.

Die Einbindung der Compliance-Themen in Online-Formaten im Intranet und in weiteren digitalen Plattformen des Unternehmens rundet den Maßnahmen-Mix ab.

2. Dialog- und Event-Maßnahmen: Wie bereits ausgeführt sind interne Schulungen für Führungskräfte und Mitarbeiter ein zentrales Element in der Compliance-Kommunikation. Es lassen sich jedoch auch unternehmensweite Veranstaltungen entwickeln, die über die reine Wissensvermittlung hinausgehen und primär einen Event-Charakter haben, die das Thema noch einmal in einer emotionaleren Weise inszenieren. Das können zum Beispiel Konferenzen oder Tagungen sein, die auch Mitarbeiter aus verschiedenen Standorten zusammenbringen, aber auch Inhouse-Veranstaltungen, wie beispielsweise Formate der repräsentativen Mitbestimmung. Ein Mittagessen oder Frühstück mit dem Vorstand oder der Geschäftsführung ist ein häufig eingesetztes Element der Internen Kommunikation, das eine Einbeziehung der Mitarbeiter in das unternehmerische Handeln demonstriert und sich positiv auf die Unternehmenskultur auswirkt. Der Einsatz von Bewegtbild ist heute aus der Unternehmenskommunikation nicht mehr wegzudenken und bietet sich auch für die Compliance-Kommunikation auf unterschiedlichen Kanälen an. Die dialogische Kommunikation, die durch Social Media-Elemente im Intranet oder durch Corporate Blogs in vielen Unternehmen bereits praktiziert wird, sollte auch eine Plattform für den Austausch über Compliance-Themen bieten. Gerade so können Vorbehalte abgebaut werden und Meinungen und Stimmungen rund um die Implementierung der „neuen Regeln" ein Monitoring erfahren. Auf diese Weise lässt sich gegebenenfalls zu einem frühen Zeitpunkt kommunikativ gegensteuern.

Die Kommunikation an Dritte ist ein ebenso wichtiger Teil der Compliance-Kommunikation. An etwa der Hälfte aller Wirtschaftsdelikte sind laut der Studie der PWC AG Externe zumindest beteiligt. Der Kommunikation an Dritte wird in den US-Unternehmen eine höhere Relevanz zugeschrieben als in Deutschland. Dennoch zählen auch hier die Zielgruppen der sogenannten Third Parties und Lieferanten/Subunternehmen zu den wesentlichen neben der Zielgruppe der Mitarbeiter.

Daher wird die Kommunikation an Dritte zumeist parallel oder in kurzer zeitlicher Abfolge zur Mitarbeiter-Kommunikation geplant. Denn die Geschäftspartner müssen in die Compliance-Strategie eingebunden werden und die Compliance-Richtlinien akzeptieren und befolgen. Um das sicherzustellen, werden die externen Dritten zunächst durch Informationsmaterial und die Zusendung der Compliance-

Richtlinien informiert. Zudem wird meist darauf bestanden, dass die Geschäftspartner die Akzeptanz der Richtlinien auch schriftlich bestätigen. Viele Unternehmen, die ein Compliance-System einführen und einen Code of Conduct erstellen, erwarten auch von ihren Zulieferern und Kooperationsunternehmen ebenso ein Commitment auf Compliance-Themen. Compliance-relevante Entscheidungen finden in der Regel auch Eingang in die Verträge und Vereinbarungen mit externen Dritten. Es ist auch hier wichtig, eine zielgruppenspezifische Kommunikation der angestrebten Ziele zu konzipieren, um die Akzeptanz der Compliance-Richtlinien zu erreichen. Zusätzlich zu der schriftlichen Kommunikation können die Bereitstellung von Informationen auf einem Online-Portal oder direkte persönliche Gespräche oder Workshops zielführend sein. Prinzipiell sollten alle Informationen ohnehin auf der Internetseite des Unternehmens zu finden sein. So bekommen nicht nur die Geschäftspartner, sondern auch die breite Öffentlichkeit ein positives Bild hinsichtlich der Compliance-Bestrebungen des Unternehmens.

Beispiel

Ein gutes Beispiel für die erfolgreiche Einführung eines Compliance-Systems mittels einer kreativen Leitidee und eines umfangreichen Maßnahmen-Mixes ist die Kampagne der METRO GROUP, die in der Fachzeitschrift kommunikationsmanager beschrieben wurde. (kommunikationsmanager, Ausg. 3/2011). Dort wurde das CMS mit 70 Compliance-Verantwortlichen und der Beratungsagentur Deekeling Arndt Advisors (DAA) an allen internationalen Standorten des Unternehmens implementiert. Unter der kreativen Leitidee „einfach richtig/ simply right" wurde eine internationale und hierarchieübergreifende Kommunikationskampagne entwickelt. Das Ziel war, neben der Kommunikation des Mehrwertes des Compliance-Systems die Positionierung der Compliance Officer als „active communicator" und die Vernetzung der Verantwortlichen als Community zu erreichen. Zahlreiche Instrumente und Maßnahmen kamen dabei zum Einsatz, die als langfristige Grundlagen des Compliance-Programms angelegt wurden. Es wurde ein urheberrechtlich geschütztes Logo entwickelt, das die Idee der Kampagne auch visuell vermittelte. Ein Compliance-Poster im A1-Format diente als zentrales Vermittlungs- und Dialoginstrument, dessen Inhalte interkulturell verständlich waren und durch eine klare Sprache die teilweise komplexen juristischen Inhalte einfach vermittelte – auch durch Beispiele aus den unterschiedlichen Wirkungsbereichen.

Jeder Mitarbeiter erhielt darüber hinaus eine Safety-Card mit den Geschäftsgrundsätzen und den Inhalten des Posters im Detail. Um das Zielbild des „Acti-

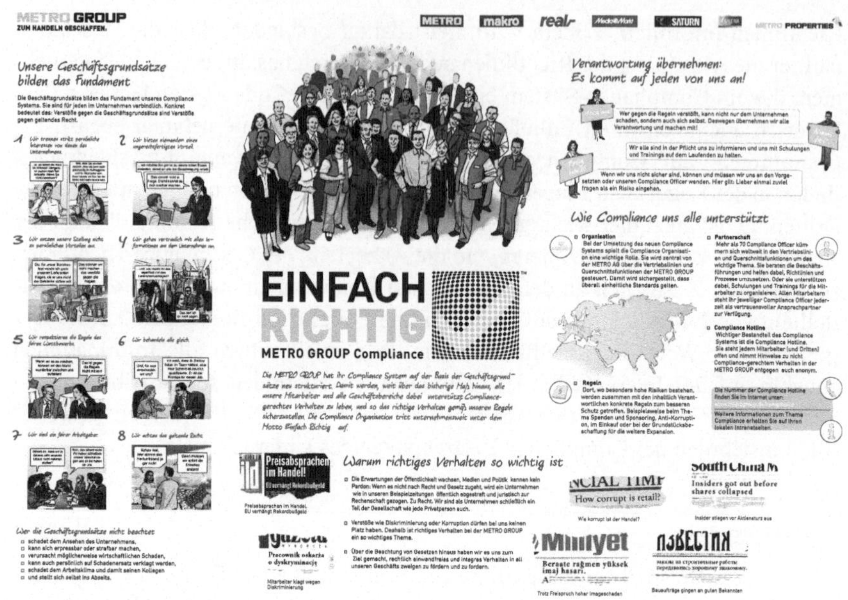

Abb. 2.6 Compliance-Poster Metro Group

ve Communicators" und „Trusted Advisors" mit Leben zu füllen, wurde für die Compliance Officer eine spezielle Toolbox entworfen – gefüllt mit u. a. einem Moderationsleitfaden für Talkrunden („Compliance-Talks"). Als zusätzliches Medium informierte der Compliance-Newsletter „RIGHT!" die Compliance Officer und Führungskräfte alle sechs bis acht Wochen über Compliance-Themen innerhalb des Unternehmens. Außerdem wurde ein virtueller Compliance-Collaboration-Room geschaffen, über den sich die Compliance Officer weltweit austauschen und vernetzen können (Abb. 2.6).

Compliance-Themen verschriftlichen 3

Die schriftliche Ausarbeitung des Compliance-Regelwerks steht im Zentrum der Kommunikation zur Implementierung eines neuen Compliance-Management-Systems. Die Erarbeitung einer Verhaltensrichtlinie liegt bei mittelständischen Unternehmen auf Platz 1 der Compliance- Kommunikationsinstrumente, auch börsendotierte Unternehmen setzen darauf. Der Text kommt in der internen und in der externen Kommunikation zum Einsatz, je nach Zielgruppe in modifizierter oder gekürzter Form. Dabei ist die Vertextung eines komplexen juristischen Regelwerks nicht ganz einfach, da zum einen die formaljuristischen Anforderungen erfüllt werden müssen, der Text aber zum anderen auch einen motivierenden Charakter besitzen soll, um die Mitarbeiter von dem Compliance-Thema zu überzeugen.

3.1 Code of Conduct – Text mit Obligationsfunktion

Der „Code of Conduct" enthält als Verhaltenskodex eine Sammlung von Richtlinien und Regelungen, welche sich Unternehmen als Selbstverpflichtung auferlegen. Das Ziel ist es, erwünschtes Verhalten zu fördern und unerwünschte Handlungen zu vermeiden. Denn die beste Compliance-Richtlinie hilft nicht, wenn sie von den Mitarbeitern nicht verstanden und beachtet wird. Mit diesem Text muss in einem besonderen Maße eine Schnittstelle zur Rechtsabteilung geschaffen werden. Die Unternehmenskultur und juristische Vorgaben treffen hier in einer Publikation zusammen. Darüber hinaus besteht noch eine weitere Rückkopplung vom Compliance-Management zur Unternehmenskommunikation in Bezug auf einige Inhalte. Denn in vielen Codes of Conduct wird auch das Verhalten des Unternehmens gegenüber der massenmedialen Öffentlichkeit, also auch für die Medienarbeit, dem Umgang mit Journalisten festgeschrieben. Der Verhaltenskodex ist darüber hinaus ein Instrument, um ethische und soziale Prinzipien transparent zu machen.

© Springer Fachmedien Wiesbaden 2015

A. Schach, C. Christoph, *Compliance in der Unternehmenskommunikation*, essentials,

DOI 10.1007/978-3-658-09471-3_3

Die Textsorte steht somit in einem inhaltlichen und sprachlichen Zusammenhang mit weiteren Selbstverpflichtungen oder Regulierungen des Unternehmens, wie beispielsweise einer Social-Media-Richtlinie für den erwünschten Umgang mit neuen Medien, oder dem Nachhaltigkeitsbericht, in dem die Umsetzung u. a. dieser Verhaltensregeln mit Beispielen belegt und turnusmäßig in Berichtsform dargestellt werden.

Die Compliance-Richtlinie oder der Code of Conduct sind insbesondere in Bezug auf ihre Textfunktion eine bemerkenswerte Textsorte, die einen erweiterten Aufgaben- und Funktionsbereich der Unternehmenskommunikation sprachlich belegt. Die Textfunktion ist das Basiskriterium zur Differenzierung von Textsorten (Brinker 2014, S. 145.). Diese wird in den allermeisten Texten in der Alltagssprache und Berufspraxis direkt signalisiert. Die Textsorte Compliance-Richtlinie, Code of Conduct oder Verhaltensrichtlinie nimmt in der Vielfalt der PR-Textsorten eine Sonderstellung ein. Denn in der Regel finden sich in den Texten der Unternehmenskommunikation die Informationsfunktion, Appellfunktion und in der digitalen Online-Kommunikation die Kontaktfunktion (Schach 2015, S. 28 f). In Bezug auf die Textfunktion kann bei der Compliance-Richtlinie aber von einer Obligationsfunktion gesprochen werden, die nach Brinker wie folgt definiert wird:

▶ **Begriff** „Der Emittent gibt dem Rezipienten zu verstehen, daß er sich ihm gegenüber dazu verpflichtet, eine bestimmte Handlung zu vollziehen. Textsorten mit Obligationsfunktion sind Vertrag, (schriftliche) Vereinbarung, Garantieschein, Gelübte, Gelöbnis, Angebot usw." (Brinker 2014, S. 126).

Brinker setzt eine explizierende Paraphrase an: „Ich (der Emittent) verpflichte mich (dem Rezipienten gegenüber), die Handlung X zu tun." Diese beispielhafte Selbstverpflichtung findet sich als Basismerkmal in allen Compliance-Richtlinien in Bezug auf unterschiedliche Themenbereiche im Unternehmen. Texte mit Obligationsfunktion sind meist stark institutionalisiert und signalisieren somit dem Leser sofort ihre Funktion, nämlich die Selbstverpflichtung zu einer bestimmten Handlungsweise. Textlinguistisch lässt sich das an explizit performativen Formeln, insbesondere der Auswahl bestimmter Verben, nachweisen. Der starke sprachliche Bezug zu institutionalisierten Texten mit Obligationsfunktion aus anderen Lebensbereichen ist gewünscht, um den verbindlichen Charakter der Compliance-Richtlinie referenziell zu verstärken. In unterschiedlichen thematischen Bereichen, z. B. stark geregelten Bereichen, wie etwa dem Datenschutz, besitzen die Verpflichtungen darüber hinaus auch eine juristische Dimension, deren Ausgestaltung vornehmlich die Rechtsabteilung als Autor dieser Textpassagen verantwortet. In den Verhaltensregeln, die stärker durch die Unternehmenswerte bzw. das Selbstbild des Unternehmens geprägt sind, sind die intertextuellen Bezüge z. B. zu einem Gelöbnis ein sprachliches Mittel, um eine verpflichtende Absicht auszudrücken. Dem Leser soll den Eindruck vermittelt werden, dass es der Absender wirklich ernst meint. Die Compliance-Richtlinie lässt sich daher wie folgt definieren:

► **Begriff** „Eine Compliance-Richtlinie oder Code of Conduct ist eine Textsorte der Selbstverpflichtung, die unternehmerisches Handeln und das Verhalten der Mitarbeiter eines Unternehmens regelt. Die Themenbereiche umfassen grundsätzliche Anforderungen an das Verhalten, juristische Erfordernisse, den Umgang mit Personen und Informationen sowie soziale und ökologische Aspekte. Die Compliance-Richtlinie kommuniziert durch die direkt im Text realisierte Obligationsfunktion ihre Verbindlichkeit für Geschäftsführung und Mitarbeiter." (Schach 2015, S. 66)

Die Compliance-Richtlinie ist durch spezifische sprachliche Merkmale gekennzeichnet, die die eingangs beschriebene Textfunktion verdeutlichen. Es geht dabei um eine Selbstverpflichtung zu einer bestimmten Handlung, die häufig auch intentional geprägt ist. Die Auswahl von Verben für die jeweiligen Beschreibungen der Selbstverpflichtungen ist deutlich zuzuordnen, wie beispielsweise „versprechen", „sich verpflichten", „übernehmen", „sich bereit erklären", „garantieren", „sich verbürgen" etc. Die Obligationsfunktion zeigt sich zudem im Text direkt und indirekt: Viele Compliance-Richtlinien sind in der Wir-Form geschrieben. In einer klaren Satzstruktur vermittelt der Text eine Verbindlichkeit mit Selbstverpflichtungscharakter. Er ist so formuliert, dass jeder Mitarbeiter als Absender des Textes eingebunden werden kann. In deutlicher Form wird durch die Formulierungen wie „Wir halten uns an" und „Das Unternehmen verpflichtet sich" die Verbindlichkeit der Aussagen auch sprachlich unterstrichen.

3.2 Themenfelder und inhaltliche Struktur

Die Themenbereiche, die in einem Code of Conduct bearbeitet werden, betreffen verschiedene Handlungsfelder des Unternehmens. Die Detailtiefe ist von Unternehmen zu Unternehmen unterschiedlich. Die Compliance-Richtlinien der Unternehmen werden in der Regel offen kommuniziert und sind auf den Internetseiten der Unternehmen einzusehen. Laut der Ergebnisse der Studie von PriceWaterhouseCoopers sind folgende Themen die meistgenannten Themen im Compliance-Bereich von Großunternehmen: Generalklausel zum Handeln nach den ethischen Grundsätzen des Unternehmens, Umgang mit Interessenkonflikten, Betrug/Untreue, Korruption und Bestechung, Annahme von Geschenken, Einladungen und

sonstige Vorteile und der Umgang mit vertraulichen Kunden- und Unternehmens-
daten.

Eine Analyse der Themenstruktur von Verhaltenskodizes verschiedener Unternehmen ergab eine Übersicht von Themenfeldern, die prototypisch die wesentlichen Kernthemen einer solchen Leitlinie enthält, wie in Tab. 3.1 dargestellt.

Die Übersicht umreißt einen allgemeinen Aufbau dieser Textsorte. Die Unterthemen und Ausformulierungen im Detail sind von Unternehmen zu Unternehmen
unterschiedlich und orientieren sich zum einen an den allgemeinen Unternehmens-
werten, zum anderen an den Geschäftsfeldern des Unternehmens. Je nach Branche werden verschiedene Codes of Conducts auch für unterschiedliche Geschäfts-
beziehungen formuliert, wie beispielsweise bei Textilunternehmen, die zwischen
Verhaltenskodizes für Handelsware und Dienstleistungen und Nicht-Handelsware
unterscheiden. Die in der Tabelle getroffene Zuordnung zu einem Bezugsthema,
entweder aus dem juristischen oder arbeitsrechtlichen Bereich und dem kommunikativen, kulturellen Bereich zeigt deutlich, wie sich innerhalb der Textsorte die
verschiedenen Anforderungen an eine Compliance-Kommunikation manifestie-
ren. Ein guter Code-of-Conduct-Text verbindet die ethisch/moralischen Elemente
mit den rechtlichen Anforderungen, er bringt juristische Vorgaben präzise auf den
Punkt und hat von der Tonalität und Sprache einen motivierenden Charakter für
die Mitarbeiter.

Tab. 3.1 Inhaltliche, prototypische Struktur der Textsorte „Code of Conduct". (Quelle:
Schach 2015, S. 67)

Kernthema	Unterthemen	Zuordnung
Allgemeines/Präambel/ Vorbemerkung	Einführung in die Thematik durch die Geschäftsführung Geltungsbereich	Unternehmenskommunikation
Leitlinien des Unternehmens	Umgang mit Kunden, Entscheidungen, Leistung, Verhalten	Unternehmenskultur/ Leitbild
Verantwortung	Verantwortung eines jeden Mitarbeiters für das eigene Verhalten	Unternehmenskultur
Einhaltung von Geset-zen, Vorschriften	Einhaltung von Ländergesetzen und – verordnungen	Juristische Vorschriften
Geschäftsgebaren	Regeln für einen redlichen Umgang mit Geschäftspartnern	Unternehmenskultur
Diskriminierung und Belästigung	Keine Diskriminierung aufgrund von Geschlecht, Alter, Rasse, Hautfarbe, ethnischer und nationaler Herkunft, Religion etc.	Unternehmenskultur/Arbeitsrechtliche Vorschriften
Einhaltung von Kartell- und Wettbe-werbsrichtlinien	Verpflichtung zur Einhaltung der kartell-rechtlichen Gesetze und Vorschriften	Juristische Vorschrif-ten/Wirtschaftskri-minalität

Tab. 3.1 (Fortsetzung)

Kernthema	Unterthemen	Zuordnung
Anti-Korruption	Verpflichtung zur Integrität und Ablehnung jeglicher Form von Korruption, Bestechung, Diebstahl, Veruntreuung, Erpressung, illegale Zahlungen usw	Juristische Vorschriften/Wirtschaftskriminalität
Interessenkonflikte	Ausschluss von privaten und persönlichen Interessen auf das Urteilsvermögen im Rahmen der Arbeit für das Unternehmen	Unternehmenskultur/Arbeitsrechtliche Vorschriften
Nutzung von Unternehmenseigentum	Anhalten zu Sorgfalt und Verantwortungsbewusstsein im Umgang mit Unternehmenseigentum	Arbeitsrechtliche Vorschriften
Gesundheit und Sicherheit	Verpflichtung zur Maßnahmen für die Gesundheit und Arbeitssicherheit	Arbeitsrechtliche Vorschriften
Umwelt	Ressourcenschutz im Hinblick auf Umweltverträglichkeit und Verringerung des Verbrauchs von Energie, Wasser, Roh- und Betriebsstoffen	Unternehmenskultur/ Nachhaltigkeit
Datenschutz und IT-Sicherheit	Richtlinien zur Einhaltung von Datensicherheits- und -schutzmaßnahmen Regeln zum Umgang mit vertraulichen Informationen	Juristische Vorschriften
Arbeitsbedingungen in der Produktion/mit Geschäftspartnern	Einhaltung von Menschenrechten und Arbeitsbedingungen nach Konventionen	Unternehmenskultur/ ethische Fragen
Verstöße gegen den Verhaltenskodex	Kontaktinformation zur Meldung von Verstößen Nennung von Ansprechpartnern, weiterführende Informationen	Unternehmenskommunikation

Compliance in der Medienarbeit 4

Wie in Kap. 1 erwähnt, bezieht sich Corporate Compliance in einer engen Definition darauf, dass sich Menschen und Unternehmen an Recht und Gesetz halten (Rademacher und Köhler 2014, S. 236). In einer weiteren Auslegung steht Corporate Compliance auch für die Einhaltung selbst auferlegter Handlungsgrundsätze und für das normenkonforme Verhalten aller Mitarbeiter und Abteilungen eines Unternehmens – also auch in den Pressestellen (Junc 2010, S. 9). Für die Medienarbeit bestehen brancheninterne Richtlinien, die das richtige Verhalten im Rahmen der Berufsausübung regeln. Auch sie müssen Bestandteil einer konsequenten Corporate Compliance sein. Dies gilt umso mehr, da Compliance-Verstöße in der Medienarbeit sofort für die wichtige Zielgruppe der Journalisten sichtbar sind.

Unter der Bezeichnung Medienarbeit sollen im Folgenden alle geplanten Aktivitäten einer Organisation verstanden werden, die darauf abzielen, die journalistische Berichterstattung im Sinne der Organisation zu beeinflussen. Diese Aktivitäten können schriftlich oder mündlich stattfinden und aus Sprache, Bildern oder Filmen bestehen. Medienarbeit ist das Herzstück der PR, weil sie für „nahezu alle Public-Relations-Systeme eine herausragende Bedeutung besitzt" (Hoffjann 2007, S. 127).

4.1 Rechtliche Grundlagen und PR-Kodizes

Die rechtlichen Rahmenbedingungen für die PR-Arbeit in Deutschland sind verteilt über eine „selbst für den Juristen kaum noch überschaubare Anzahl von Gesetzen und andere rechtliche Grundlagen" (Unverzagt und Gips 2010, S. 40). Dazu zählen

© Springer Fachmedien Wiesbaden 2015   27
A. Schach, C. Christoph, *Compliance in der Unternehmenskommunikation*, essentials,
DOI 10.1007/978-3-658-09471-3_4

1. europäische Rechtsnormen wie die Health-Claims-Verordnung oder die europäische Datenschutzrichtlinie,
2. nationale Rechte und Gesetze wie das Grundgesetz, das Strafgesetzbuch, das
   Handelsgesetzbuch und das Markengesetz sowie
3. die Medien- und Pressegesetze der Länder.

Insgesamt sind fast 90 Gesetze und Richtlinien für die PR-Arbeit relevant. Eine
guten Überblick liefern Unverzagt und Gips in ihrem Handbuch PR-Recht (2010,
S. 40 ff.). Eine Eingrenzung, welche dieser Grundlagen insbesondere für die Medienarbeit von Bedeutung sind, erscheint nicht zielführend. Denn die Medienarbeit
als „Herzstück der PR" berührt nahezu alle Bereiche der Public Relations.

Neben den gesetzlichen Rahmenbedingungen, an die sich alle juristischen und
natürlichen Personen in Deutschland halten müssen, gelten speziell für die Branche der Public Relations noch verschiedene Berufskodizes. Die wichtigsten werden im Folgenden kurz vorgestellt und auf ihre Bedeutung für die Medienarbeit
untersucht.

4.1.1 Code d'Athènes

Der Code d'Athènes wurde 1965 in Athen von der Confédération Européenne des
Relations Publiques (CERP) beschlossen. In ihm sind die internationalen ethischen
Richtlinien für die PR-Branche geregelt. Der Code d'Athènes bekennt sich zur
Menschenrechts-Charta der Vereinten Nationen und bezieht diese in seinen Wort-
laut ein. So heißt es in Ziffer 1, jedes Mitglied der unterzeichnenden Verbände
solle „zur Verwirklichung dieser geistigen und moralischen Grundbedingungen
beitragen, die es dem Menschen erlauben, seine unveräußerlichen Rechte auszu-
üben, die ihm durch die weltweite ‚Erklärung der Menschenrechte' zugesichert
sind". Darüber hinaus bezieht der Code d'Athènes Position für einen freien Mei-
nungsaustausch und Informationsfluss (Ziffer 1 und 7). Und er verlangt von den
PR-Fachleuten, niemals „die Wahrheit anderen Ansprüchen unterzuordnen" (Ziffer
10) und das Vertrauen von Auftraggebern und Publikum zu rechtfertigen (Ziffer 3
und 9).

Im Mittelpunkt stehen also die Werte Würde, Freiheit, Wahrheit und Vertrau-
en. Journalisten werden als Zielgruppe nicht ausdrücklich genannt. Aber natürlich
gehören auch sie zu den Empfängern von Public Relations und sind insofern als
Publikum in den Code d'Athènes eingeschlossen.

4.1.2   Code de Lisbonne

Der Code de Lisbonne ist der europäische Kodex für Verhaltensgrundsätze in der Öffentlichkeitsarbeit. Auch er bezieht sich auf die Charta der Vereinten Nationen. Jedoch ist er insgesamt umfangreicher als der Code d'Athènes und liefert konkretere Richtlinien für die PR-Branche. In Bezug auf die Medienarbeit sind insbesondere die Artikel 4 und 5 aufschlussreich:

> Artikel 4
> Public-Relations-Aktivitäten müssen offen durchgeführt werden. Sie müssen leicht als solche erkennbar sein, eine klare Quellenbezeichnung tragen und dürfen Dritte nicht irreführen.
> Artikel 5
> In ihren Beziehungen zu anderen Berufsfeldern (…) respektieren Public Relations-Fachleute die dort geltenden Regeln und Praktiken (…).

Die Artikel 14 bis 17 des Code de Lisbonne beziehen sich ausdrücklich auf das Verhalten gegenüber der Öffentlichkeit und ihren Informationsmedien. Darin heißt es:

> Artikel 15
> Jeder Versuch, die Öffentlichkeit oder ihre Repräsentanten zu täuschen, ist nicht zulässig. Informationen müssen unentgeltlich und ohne irgendeine versteckte Belohnung zur Verwendung oder Veröffentlichung bereitgestellt werden.
> Artikel 16
> Falls es unter Beachtung der Grundsätze in diesem Kodex erforderlich sein sollte, zur Wahrung der Initiative oder Kontrolle über die Verarbeitung von Informationen Anzeigenraum oder Sendezeit zu kaufen, können dies Public Relations-Fachleute in Übereinstimmung mit den jeweils geltenden Regeln, Praktiken und Gepflogenheiten tun.

Dieser Widerspruch zwischen den Artikeln 15 und 16 des Code de Lisbonne zeigt deutlich den Interessenkonflikt, in dem sich journalistische Medien häufig genug befinden: Auf der einen Seite steht der Wille zur objektiven Berichterstattung im Sinne einer gesamtgesellschaftlichen Verantwortung. Auf der anderen Seite stehen die unternehmerischen Interessen des Verlages. Hier eine gute Balance zu halten, ist auch Aufgabe der Corporate Compliance.

4.1.3   Deutscher Kommunikationskodex

Der Deutsche Kommunikationskodex wurde vom Deutschen Rat für Public Relations (DRPR) und dessen Trägerverbänden formuliert und verabschiedet. Er ist als Weiterentwicklung der Selbstverpflichtungen der DPRG zu verstehen und seit 2012 in Kraft. Ergänzt wird er durch Richtlinien zu einzelnen Feldern der PR.

Inhaltlich bezieht sich der Deutsche Kommunikationskodex unter anderem auf den Code d'Athènes sowie den Code de Lisbonne. Insofern bekennt auch er sich zur Wahrung der Menschenrechte. Als zentrale Normen und Werte, zu denen sich Kommunikationsfachleute verpflichten, nennt er „Transparenz, Integrität, Fairness, Wahrhaftigkeit, Loyalität und Professionalität". Zur Transparenz heißt es konkret:

> (1) PR- und Kommunikationsfachleute sorgen dafür, dass der Absender ihrer Botschaften klar erkennbar ist. (…)
> (2) PR- und Kommunikationsfachleute respektieren die Trennung redaktioneller und werblicher Inhalte und betreiben keine Schleichwerbung.

Im Hinblick auf die Fairness führt der Kommunikationskodex aus:

> (6) PR- und Kommunikationsfachleute respektieren (…) die Freiheit und Unabhängigkeit der Medien und beeinträchtigen diese nicht durch unlautere Mittel.
> (7) PR- und Kommunikationsfachleute setzen ihre Kommunikationspartner nicht durch die Androhung von Nachteilen unter Druck und beeinflussen sie nicht durch die Gewährung von Vorteilen.

Was unter „unlauteren Mitteln" zu verstehen ist, bleibt an dieser Stelle offen. Klar ist aber, dass es als Compliance-Verstoß zu bewerten wäre, wenn ein Unternehmen droht, keine Anzeigen mehr zu schalten oder einer Redaktion künftig wichtige Informationen vorzuenthalten („Androhung von Nachteilen"). Auf der anderen Seite wäre es nicht regelkonform, Vorteile zu gewähren. Doch in der beruflichen Praxis sind zumindest Vorteile im Sinne von Exklusiv-Vereinbarungen, Vorab-Meldungen, Geschenken oder Presse-Einladungen an der Tagesordnung. Als Entscheidungshilfe, was hier legitim ist und was nicht, dient die DRPR-Richtlinie PR und Journalismus.

4.1.4 DRPR-Richtline PR und Journalismus

Die DRPR-Richtline PR und Journalismus liegt aktuell in einer Aktualisierung von 2013 vor. Ihr Kerngedanke ist es, die Unabhängigkeit des Journalismus durch die Medienarbeit niemals zu gefährden. Konkret umfasst sie Regelungen

1. zur Annahme von PR-Aufträgen durch Journalisten,
2. zur Gewährung und Ausgestaltung von Pressegeschenken sowie
3. zu Einladungen, Presseworkshops und Pressereisen.

So ist zum Beispiel festgelegt, dass Familie, Freunde und Bekannte als Begleitung zu Presseterminen unzulässig sind und dass Events und Reisen „in einem nachvollziehbaren Verhältnis zum Informationsanlass" stehen müssen. Pressegeschenke dürfen „den im gesellschaftlichen Verkehr üblichen Rahmen" nicht übersteigen. In der beruflichen Praxis können diese Formulierungen allerdings zu Unsicherheit führen. Denn was „ein nachvollziehbares Verhältnis zum Informationsanlass" ist oder wie der „im gesellschaftlichen Verkehr übliche Rahmen" aussieht, ist erstens subjektiv und zweitens von den Gepflogenheiten des Unternehmens und der Branche abhängig. Im Zweifelsfall ist weniger mehr.

4.1.5   Implikationen für Agenturen und Unternehmen

Unternehmen und Agenturen, die gegen die oben genannten Kodizes verstoßen, müssen mit Ahndungen durch DRPR rechnen. Dessen Spruchpraxis wird auf der Website des DRPR veröffentlicht. Für die Verantwortlichen können Compliance-Verstöße in der Medienarbeit also schwerwiegende Folgen haben. Insbesondere die sind Reputationsschäden oder ein beschädigtes Verhältnis zur wichtigen Bezugsgruppe der Journalisten zu befürchten.

> **Verstoß gegen geltende PR-Kodizes: Rüge des DRPR für die Agentur Platoon**
>
> Im Frühjahr 2013 schrieb ein freier Mitarbeiter der PR-Agentur Platoon einen bloggenden TV-Kritiker an. In dem Schreiben fragte Platoon den Kritiker, ob er einen Beitrag über die Serie „Real Humans" des TV-Senders arte veröffentlichen könne. Zusammen mit der Anfrage wies der Absender darauf hin, dass für diese Veröffentlichung ein Budget von 250 € zur Verfügung stünde. Gleichzeitig informierte der freie Platoon-Mitarbeiter den Kritiker darüber, dass es künftig weitere große Projekte mit weiteren Budgets geben werde. Insofern lag der Versuch vor, den Journalisten durch die Gewährung von Vorteilen zu beeinflussen. Im November 2011 rügte der DRPR öffentlich die Agentur Platoon wegen der Verletzung mehrerer Normen in PR-Kodizes und PR-Richtlinien.

Die PR ist ein Berufsfeld mit einem hohen Anteil von Seiteneinsteigern. Das heißt: Es üben immer noch viele Menschen PR-Tätigkeiten aus, die weder ein kommunikationswissenschaftliches Studium noch ein Volontariat oder eine vergleichbare PR-Ausbildung absolviert haben (Szyszka et al. S. 257 ff.). Speziell bei diesen Personen kann es vorkommen, dass die Branchen-Kodizes unbekannt sind, was Verstöße dagegen erklären kann. Missverständnisse können aber auch dann auftreten, wenn Fachfremde sich in die PR-Arbeit einmischen oder Entscheidungen treffen. Denn häufig herrscht außerhalb der Unternehmenskommunikation noch das Verständnis vor, man könne „Journalisten kaufen" oder den Absender von PR-Aktionen verschleiern, um deren Glaubwürdigkeit zu erhöhen. Geschönte Rezensionen in Online-Shops und auf Bewertungsportalen sowie falsche Beiträge in Online-Foren gehören in diese Kategorie.

Compliance-Verantwortliche müssen also sicherstellen, dass die Branchen-Kodizes der PR allen Mitarbeitern bekannt sind, die in der Unternehmenskommunikation arbeiten oder auf sie Einfluss ausüben.

4.2 Compliance in den Redaktionen

Die Medienarbeit dient dabei der strukturellen Kopplung des Auftraggebers mit dem System des Journalismus (Christoph 2009, S. 78). Deshalb ist es nötig, auch dessen Codes zu beherrschen. PR-Fachleute müssen sich also auf die Gepflogenheiten der „Gegenseite" einstellen. Dazu gehört es, dass sich Journalisten an den deutschen Pressekodex und gegebenenfalls an weitere redaktionelle und Compliance-Richtlinien halten.

In den vergangenen Jahren hat die Bedeutung von Compliance in den Unternehmen aus den oben genannten Gründen (siehe Kap. 1) deutlich zugenommen. Das gilt auch für Verlage und Redaktionen. Noch vor wenigen Jahren war es durchaus üblich, dass Unternehmen nicht nur Redakteure, sondern deren ganze Familie zu Medienreisen einluden. Unverhältnismäßige Vergünstigungen beim privaten Einkauf oder teure Geschenke waren an der Tagesordnung. Heute sind die Medienkonsumenten und die Verlage oder Sender für diese Vorgänge stärker sensibilisiert (zu den Gründen siehe Kap. 1). Compliance-Verstöße sind keine Kavaliersdelikte mehr und Journalisten, die nicht compliance-konform handeln, machen sich persönlich angreifbar. Hierauf muss sich die Medienarbeit einstellen, wenn sie anschlussfähig bleiben will. Ihre Akteure sollten deshalb nicht nur die eigenen Berufskodizes kennen, sondern auch die ethischen Normen des journalistischen Arbeitens.

4.2.1 Pressekodex

Der Pressekodex enthält die Richtlinien für die publizistische Arbeit nach den Empfehlungen des Deutschen Presserates. Seine Präambel nimmt Bezug auf das Grundgesetz und die darin verbürgte Pressefreiheit. In Ziffer 1 bekennt sich der

Pressekodex zur Achtung der Wahrheit und zur Wahrung der Menschenwürde. Hierin stimmt er mit den oben genannten PR-Kodizes überein.

Auch insgesamt ergeben sich keine Widersprüche im Vergleich des Pressekodex mit den PR-Kodizes. So fordert auch der Pressekodex die Trennung von Tätigkeiten sowie die Trennung von Werbung und Redaktion:

> Ziffer 6: Trennung von Tätigkeiten
> Journalisten und Verleger üben keine Tätigkeiten aus, die die Glaubwürdigkeit der Presse infrage stellen könnten.
> Ziffer 7: Trennung von Werbung und Redaktion
> Die Verantwortung der Presse gegenüber der Öffentlichkeit gebietet, dass redaktionelle Veröffentlichungen nicht durch private oder geschäftliche Interessen Dritter oder durch persönliche wirtschaftliche Interessen der Journalistinnen und Journalisten beeinflusst werden. Verleger und Redakteure wehren derartige Versuche ab und achten auf eine klare Trennung zwischen redaktionellem Text und Veröffentlichungen zu werblichen Zwecken.
> (…)
> Richtlinie 7.2: Schleichwerbung
> Redaktionelle Veröffentlichungen, die auf Unternehmen, ihre Erzeugnisse, Leistungen oder Veranstaltungen hinweisen, dürfen nicht die Grenze zur Schleichwerbung überschreiten. Eine Überschreitung liegt insbesondere nahe, wenn die Veröffentlichung über ein begründetes öffentliches Interesse oder das Informationsinteresse der Leser hinausgeht oder von dritter Seite bezahlt bzw. durch geldwerte Vorteile belohnt wird.
> Die Glaubwürdigkeit der Presse als Informationsquelle gebietet besondere Sorgfalt beim Umgang mit PR-Material.

Genau wie die DRPR-Richtlinie für PR und Journalismus lehnt der Pressekodex Vergünstigungen für Journalisten ab:

> Ziffer 15: Die Annahme von Vorteilen jeder Art, die geeignet sein könnten, die Entscheidungsfreiheit von Verlag und Redaktion zu beeinträchtigen, ist mit dem Ansehen, der Unabhängigkeit und der Aufgabe der Presse unvereinbar. (…)

Diese Übereinstimmungen zeigen: Auch in der Gestaltung beruflicher Normen findet eine Anpassung der PR an das System des Journalismus statt. Wenn sich also beide Seiten an ihre Kodizes halten, dürfte es zumindest auf dieser Ebene nicht zu Problemen zwischen Redaktionen und Pressestellen kommen. Konfliktpotenzial besteht aber dann, wenn einer der Beteiligten

1. die Kodizes nicht kennt,
2. ihre Bedeutung unterschätzt oder
3. bewusst gegen sie verstößt.

Unbekannt dürften die Kodizes unter gut ausgebildeten PR-Fachleuten und Journalisten nicht sein. Anders sieht es bei den zahlreichen Quereinsteigern oder fachfremden Entscheidern aus. Auch Blogger arbeiten nicht zwangsweise nach den Richtlinien des Pressekodex. Dass die Bedeutung der verschiedenen Richtlinien unterschätzt oder gegen sie verstoßen wird, ist in der Praxis immer noch häufig zu beobachten. Unverhältnismäßig teure Essens- und Übernachtungseinladungen, Präsente oder die Vereinbarung von Anzeigendeals und „Druckkostenzuschüssen" sind keine Ausnahmen. Die Gründe hierfür sind ebenso bei unbedarften PR-Fachleuten zu suchen wie bei Journalisten, die sich auf solche Angebote einlassen.

Auf der anderen Seite ist es nicht zu leugnen, dass sich die Medien in den letzten Jahren verstärkt um Compliance in der redaktionellen Arbeit bemühen. Dies lässt sich zum Beispiel festmachen an der Diskussion um Pressereisen und deren Kenntlichmachung in den Medien, die die „Welt am Sonntag" 2012 lostrat:

Schöner reisen mit ThyssenKrupp

Am 11. November 2012 berichtete die „Welt am Sonntag" (Eigendorf 2012) über unverhältnismäßig teure Pressereisen, zu denen der Konzern ThyssenKrupp eingeladen hatte. Transfers im Firmenjet, Übernachtungen in Fünf-Sterne-Hotels und ausgedehnte Safaris gehörten zu deren Programm. Zusammen mit den Journalisten reiste jeweils Jürgen Claassen, der zu diesem Zeitpunkt im ThyssenKrupp-Vorstand für das Thema Compliance verantwortlich war. In ihrem Beitrag über diese Pressereisen kritisierte die „Welt am Sonntag" einerseits das Vorgehen des Unternehmens und warf die Frage auf, ob Claassen die Journalisten durch diese Luxusbehandlung habe beeinflussen wollen. Andererseits beanstandete die „Welt am Sonntag" die journalistische Praxis mehrerer großer Tageszeitungen, darunter die der „Frankfurter Allgemeinen Zeitung" (F.A.Z.): „Von einer Kostenübernahme ist im F.A.Z.-Beitrag nichts zu lesen, auch wenn der Kodex des Deutschen Presserats das für solche Einladungsreisen vorschreibt." (Eigendorf 2012). In der Folge dieser investigativen Berichterstattung musste Jürgen Claassen im Dezember 2012 seinen Vorstandsposten räumen. Außerdem entbrannte unter Journalisten und PR-Fachleuten eine öffentliche Diskussion über die Einhaltung des Pressekodex und der beruflichen Normen der PR – insbesondere der DRPR-Richtlinie PR und Journalismus (s. o.). Am 4. Dezember 2013 veranstaltete der DRPR eine Podiumsdiskussion zum Thema „Pressereisen: Ohne Transparenz geht es nicht". Darin sagte Katrin Saft, Beschwerdeausschuss-Vorsitzende des DRPR, im Hinblick auf Einladungen von Journalisten: „Das Maß bei Pressereisen wird nicht selten überzogen. Üppige Essen, luxuriöse Hotels und ein teures Begleitprogramm haben mit journalistischer Recherche meist nichts mehr zu tun und schränken unabhängige Berichterstattung ein. Und der Leser merkt den versteckten Einfluss am Ende bei der Berichterstattung nicht. Deshalb ist die Transparenz, die Offenlegung der Finanzierung einer Reise, dringend erforderlich." Als Reaktion auf diese öffentliche Debatte gingen viele Medien dazu über, fremdfinanzierte Reisen in der Berichterstattung als solche kenntlich zu machen.

Auch in Anbetracht der generell wachsenden Bedeutung von Compliance (siehe Kap. 1) dürfte der Trend in Medienarbeit und Journalismus dahin gehen, noch stärker auf die Einhaltung der berufsethischen Kodizes achten. Pressestellen sind deshalb gut beraten, Geschenke und Einladungen in einem nachvollziehbaren Verhältnis zum Informationsanlass zu gestalten und die Unabhängigkeit des Journalismus nicht auf die Probe zu stellen.

4.2.2 Interview mit Stefan Voswinkel, Redakteur Auto Bild

„Wir nehmen das sehr ernst"
Über die journalistische Perspektive auf das Thema „Compliance in der Medienarbeit" sprach Cathrin Christoph mit Stefan Voswinkel, Redakteur der Auto Bild. Die Zeitschrift erscheint wöchentlich im Verlag der Axel Springer SE und ist Europas größtes Auto-Magazin. Das Interview fand am 19. Januar 2015 statt.

Cathrin Christoph: Ihr Verlag, die Axel Springer SE, hat erstens Unternehmensgrundsätze, die für den ganzen Verlag gelten, und zweitens Leitlinien zur journalistischen Unabhängigkeit, die den Pressekodex konkretisieren. Sind diese Grundsätze allen Redakteuren bekannt?

Stefan Voswinkel: Ja auf jeden Fall. Die Grundsätze und Leitlinien sind nicht nur allen bekannt, sondern werden tagtäglich gelebt und immer wieder hinterfragt. Wir nehmen das sehr ernst und im Tagesgeschäft spielen diese unternehmerischen und auch die redaktionellen Leitlinien eine wichtige Rolle. In Automobil-Redaktionen gibt es traditionell eine ziemlich starke Verbindung zwischen Industrie und Journalismus. Bei Auto Bild gibt es deswegen eine ganz strikte Trennung zwischen Anzeigengeschäft und Redaktion.

CC: Wissen Sie, ob auch in anderen Springer-Redaktionen und in anderen Verlagen konsequent nach dem Pressekodex gehandelt wird oder gibt es da Unterschiede?

SV: Ich gehe davon aus, dass jeder Journalist, der in Deutschland ein Volontariat und damit eine Fachausbildung zum Redakteur gemacht hat, diesen Kodex kennt. Allerdings weiß ich aus der Praxis, dass das Tagesgeschäft in manchen Redaktionen leider anders aussieht. Beispielsweise gibt es sogenannte Kooperationen, bei denen sich Hersteller redaktionellen Inhalt kaufen. Das bewegt sich juristisch gerade noch im vertretbaren Rahmen, aber dem Pressekodex entspricht es nicht.

CC: Das Wort „Compliance" wird manchmal ein wenig überstrapaziert. Spielt dieser Begriff bei Ihnen in der Redaktion eine Rolle? Kennen ihn die Mitarbeiter?

SV: Das Thema Compliance hat in der Axel Springer SE einen hohen Stellenwert – nicht nur auf dem Papier. Wir haben eine Compliance-Abteilung, die strukturell in der SE fest verankert ist. Außerdem hat jede Springer-Redaktion einen Compliance-Beauftragten vor Ort, der allen Redakteuren bekannt ist. Sollte es einen juristischen Grenzfall oder Unsicherheiten darüber geben, ob etwas gegen die Compliance unseres Hauses verstößt, haben wir also einen festen Ansprechpartner, der darüber entscheidet. Bei Auto Bild ist der Compliance-Beauftragte beispielsweise ein Mitglied der Chefredaktion.

CC: Wie werden die Compliance-Richtlinien den einzelnen Mitarbeitern im Konzern kommuniziert?

SV: Zum einen haben wir in der Regel Redakteure, die an der Axel-Springer-Akademie ausgebildet wurden. Dort wird natürlich über den Pressekodex und über Presserecht geredet. Deshalb wird vorausgesetzt, dass jeder ausgebildete Redakteur weiß, was im Pressekodex steht. Zum anderen bekommt jeder, der bei Axel Springer eingestellt wird, ein Welcome-Package, das die Unternehmensgrundsätze und die journalistischen Leitlinien enthält. Jeder Mitarbeiter ist verpflichtet, diese zu lesen. Außerdem werden Compliance-Themen via Intranet kommuniziert. Dort kann man die Richtlinien und Grundsätze abrufen. Zusätzlich bekommen alle Mitarbeiter zweimal im Jahr – zusammen mit ihrer Gehaltsabrechnung – von der Compliance-Abteilung einen Reminder, der sie an das regelkonforme Verhalten erinnert.

CC: Der Axel-Springer-Verlag wird häufig öffentlich angegriffen und ist ein beliebtes Feindbild. Haben Sie das Gefühl, dass der Verlag deshalb unter besonderem Druck steht, seine Compliance-Grundsätze strikt einzuhalten?

SV: Nach diesen Grundsätzen wurde bei Axel-Springer schon immer gearbeitet. Das ist größtenteils dem Verleger Axel Springer geschuldet, der als hervorragender Journalist immer bestrebt war, seinen Laden sauber zu halten. Er hat diesen Verlag nach ethischen Grundsätzen geführt und gutes Unternehmertum vorgelebt. Dieser Unternehmergeist prägt das Haus noch immer. Das merkt man auch aktuell bei der Umstrukturierung vom klassischen Verlagshaus zu einem weltweit agierenden digitalen Konzern. Ich habe den Eindruck, dass unserem Vorstand viel daran gelegen ist, die alten Unternehmensgrundsätze beizubehalten und auch in Zukunft fortzuführen.

Das Thema Compliance ist nach meiner persönlichen Wahrnehmung aber noch einmal richtig aufs Tableau gekommen, als die Bild-Zeitung vor drei Jahren die Fehler des damaligen Bundespräsidenten Christian Wulff publik gemacht hat. Die Debatte über Vorteilsnahme und darüber, ob es rechtens ist, Geschenke anzunehmen oder sich einen Urlaub bezahlen zu lassen, hat dieses Thema noch einmal deutlich in den Vordergrund gerückt. Denn wenn man ein Fehlverhalten bei anderen an den Pranger stellt, muss man im eigenen Unternehmen erst recht korrekt handeln. Ansonsten macht man sich unglaubwürdig und angreifbar. Transparenz ist da ein ganz wichtiges Stichwort. Das beinhaltet bei uns beispielsweise auch die Zahlung der Reisekosten unserer Mitarbeiter. Der Verlag zahlt immer die Reisekosten aller Redakteure selbst. Das ist in der Branche sonst nicht unbedingt üblich.

CC: Um Compliance-Probleme zu umgehen, setzen einige Verlage freie Mitarbeiter ein, die nicht an diese Vorschriften gebunden sind. Die freien Mitarbeiter können in diesen Fällen anders handeln als festangestellte Redakteure.

SV: Das ist bei uns in Absprache mit der Compliance-Abteilung geregelt. Denn obwohl wir einen relativ hohen Output an redaktionellem Inhalt haben, sind wir bei Auto Bild eine verhältnismäßig kleine Redaktion mit einem straffen Programm. Deshalb müssen auch wir mit Freien zusammenarbeiten. Da gibt es einerseits freie Mitarbeiter, die nicht nur für uns arbeiten, sondern für eine ganze Reihe von Fachmagazinen. Wenn wir auf deren Informationen zugreifen, die sie nicht exklusiv für uns zusammengetragen haben, ist der Journalist in seinem Handeln nicht an die Compliance gebunden. Das ist im Binnenverhältnis so ähnlich wie bei der Verwendung von Nachrichtenagentur-Material. Übernimmt ein freier Mitarbeiter allerdings einen Auftrag exklusiv für uns und ist beispielsweise bei einer Veranstaltung als Autor für die Auto Bild angemeldet, unterliegt er auch unseren Compliance-Richtlinien.

CC: Stellen Sie sich vor, ein Automobilhersteller bittet Sie, ein Kapitel für seinen Geschäftsbericht zu schreiben. Dürften Sie als Redakteur der Auto Bild diese Aufgabe übernehmen?

SV: Nein. Eine Nebentätigkeit in der Autoindustrie würde der Verlag nicht genehmigen. Es gab zum Beispiel kürzlich den Fall, dass ein Autohersteller in der Redaktion angefragt hat, ob ich bei einer Händlerpräsentation eines Fahrzeugs einen Vortrag halten könne. Das haben wir gemeinsam in der Redaktion besprochen, waren uns aber schnell einig, dass das nicht geht. Denn die Arbeitsfelder liegen thematisch zu nah beieinander. Als Redakteur eines Fachmagazins der Axel Springer SE muss ich journalistisch unabhängig sein und darf nicht Position für einen bestimmten Hersteller beziehen.

CC: Die geltenden Kodizes lassen schon einen Spielraum darüber zu, was im Rahmen der beruflichen Normen erlaubt ist und was nicht. Gab es schon Situationen, in denen Sie mit Grenzfällen zu tun hatten und abwägen mussten, ob etwas noch im Rahmen der Richtlinien ist?

SV: Auch dieser Punkt ist bei uns ganz klar geregelt: Wir dürfen keine Geschenke annehmen. Im vergangenen Jahr hat mir ein japanischer Autohersteller zum Beispiel einen Zusatz-Akku für mein Handy zum Geburtstag geschenkt. Ich habe mit dem Compliance-Beauftragen über dieses Geschenk gesprochen. Der Wert lag zwar noch im Rahmen, nämlich bei 20 €. Aber da ich über diesen Autohersteller redaktionell berichte und seine Produkte für Auto Bild teste, waren wir uns einig, dass das Geschenk zurückgeschickt werden muss.

CC: Wenn es bei Ihnen im Verlag zu einem Compliance-Verstoß kommen sollte, wie würde der geahndet werden?

SV: Wenn es sich nicht um einen bewussten oder geplanten Verstoß handelt, sondern um ein Versehen, dann würde der Mitarbeiter wohl mit einer Ermahnung davonkommen. Wenn ich allerdings bewusst und mutwillig gegen die Compliance verstoße, wäre das ein Kündigungsgrund.

CC: Das Thema Compliance hat in den letzten Jahren an Bedeutung gewonnen. Haben Sie das Gefühl, dass die Pressestellen der Hersteller ihr Verhalten auch entsprechend geändert haben?

SV: Auf jeden Fall. Früher war es zum Beispiel üblich, dass es bei Fahrpräsentationen von Autos sogenannte Gastgeschenke gab. Das hat sich tatsächlich komplett verändert. Mercedes-Benz war damals der erste Hersteller, der das nicht mehr gemacht hat. Stattdessen haben sie das Budget dafür an SOS-Kinderdörfer gespendet. Mit der Zeit haben die anderen Hersteller nachgezogen. Und heute gibt es diese Gastgeschenke fast nirgends mehr.

4.3 Der gute Ruf: Compliance als Kommunikationsanlass

In vielen Unternehmen erfuhr Corporate Compliance zunächst eine Aufwertung, um sich rechtlich abzusichern. Mittlerweile steht ein zweiter Aspekt im Fokus: die Stärkung oder Wahrung der Reputation (siehe Kap. 1). So konstatieren Rademacher und Köhler: „Compliance kann maßgeblich zum Risiko- und Reputationsschutz im Unternehmen beitragen. Damit tritt Compliance-Management in eine zweite Entwicklungsphase ein: Die Vermeidung von Reputationsschäden wird als Risikoprävention erkannt und lässt einen Ausbau der Compliance-Kommunikation erwarten" (Rademacher und Köhler 2014, S. 251).

Denn Verstöße gegen die Corporate Compliance können sich verheerend auf die Reputation auswirken, wenn die Medien sie thematisieren. Dies hat wiederum negative Folgen für die Wertschöpfung von Unternehmen, denn „Reputation ist ein Wertschöpfungsfaktor mit nachweislich positiven Effekten auf den Erfolg einer Organisation. Reputation ist allerdings auch ein äußerst fragiles Gut. In eine Gerichtsverhandlung verwickelt zu sein, bedeutet maximale öffentliche Aufmerksamkeit bei ebenso maximalen Reputationsrisiken" (Eisenegger 2012, S. 105).

Doch nicht nur im negativen Sinne kann Compliance zum Gegenstand der Medienarbeit werden. Auch positive Initiativen bieten mitunter genug Nachrichtenwert, um in den Medien Erwähnung zu finden. So stellten am 24. Oktober 2013 die Verantwortlichen für die Olympia-Bewerbung Münchens einen Ethik-Code vor, den sie gemeinsam mit Transparency International erarbeitet hatten. Den Code übergaben sie bei einer Dialogveranstaltung mit anschließendem Pressetermin den anwesenden Journalisten und verschickten außerdem eine Pressemitteilung zum Thema. Am nächsten Tag berichteten verschiedene Medien wohlwollend über diesen Ethik-Code.

Das Beispiel zeigt: Auch im Hinblick auf die Themenplanung der Medienarbeit ist eine Zusammenarbeit von Compliance-Abteilung und Unternehmenskommunikation sinnvoll. Die Bekenntnis zu Ethik-Codes und ähnlichen Richtlinien sollte nicht nur nach innen stattfinden, sondern kann auch in der Außenkommunikation eine positive Wirkung entfalten. Denn sie unterstreicht die soziale Verantwortung des Unternehmens.

Was Sie aus diesem Essential mitnehmen können

- Das Fehlen von Codes of Conduct oder Compliance-Richtlinien kann nicht nur juristische Konsequenzen, sondern auch Folgen für Reputation und Image in der öffentlichen Wahrnehmung haben.
- Eine Aufgabe der Corporate Compliance muss es sein, die Kenntnis dieser Verhaltensrichtlinien auch in der Unternehmenskommunikation sicherzustellen. Auf diese Weise kann sie helfen, Reputationsschäden zu vermeiden.
- Die Zusammenarbeit von Compliance-Abteilung und Unternehmenskommunikation ist auf vielen Ebenen sinnvoll und notwendig: Dazu gehören die strategische Vorbereitung, die Formulierung und Implementierung von Compliance-Richtlinien ebenso wie die regelmäßig Zusammenarbeit mit der Pressestelle.
- Die Kommunikation von Compliance sollte immer einem strategischen Konzeptionsprozess folgen, der Elemente der Internen Kommunikation, der Change Communication, des Wertmanagements und der Krisenkommunikation in eine Gesamtkonzeption integriert, die die strategische Richtschnur für die Einzelmaßnahmen bildet.
- Die Compliance Richtlinie als zentrales Kommunikationsinstrument nimmt gegenüber anderen Textsorten der Unternehmenskommunikation eine Sonderstellung ein, da sie eine textliche Obligationsfunktion enthält.
- Bezüglich des thematischen Aufbaus eines Code of Conduct lassen sich bestimmte Kernthemen und Unterthemen identifizieren, die unabhängig von der konkreten inhaltlichen Ausgestaltung als prototypische Merkmale beschrieben werden können.
- Gute Compliance-Maßnahmen sind auch gute Kommunikationsanlässe. Wenn sie nach außen kommuniziert werden, können sie die Reputation eines Unternehmens stärken.

© Springer Fachmedien Wiesbaden 2015

A. Schach, C. Christoph, *Compliance in der Unternehmenskommunikation*, essentials, DOI 10.1007/978-3-658-09471-3

Literatur

A&B ONE FOLIO (2014) Compliance und Kommunikation. http://www.a-b-one.de/fileadmin/user_upload/pdf-Dateien/folio_eins.pdf. Zugegriffen: 1. Sept. 2014

Brinker K (2014) Linguistische Textanalyse. Eine Einführung in Grundbegriffe und Methoden, 7. Aufl. Erich Schmidt Verlag, Berlin

Buchholz U, Knorre S (2012) Interne Unternehmenskommunikation in resilienten Organisationen. Springer, Heidelberg

Christoph C (2009) Textsorte Pressemitteilung. Zwischen Wirtschaft und Journalismus. UVK, Konstanz

Compliance Communication Center (2014) Im Fadenkreuz der Öffentlichkeit – Compliance-Kommunikation als Reputationsschutz (2012). http://compliance-communication-center.com/studie. Zugegriffen: 23. Mai 2014

Deutscher Olympischer Sportbund (2013) Pressemitteilung: Gesellschafter stellen Ethik-Code für München 2022 vor. http://newsletter.dosb.de/newsletter/newsletter.php?id=4513&html=1. Zugegriffen: 22. Jan. 2015

Deutscher Rat für Public Relations (2012) Deutscher Kommunikationskodex. http://drpr-online.de/wp-content/uploads/2013/08/Deutscher_Kommunikationskodex.pdf. Zugegriffen: 22. Jan. 2015

Deutscher Rat für Public Relations (2013a) DRPR-Richtline PR und Journalismus. http://drpr-online.de/wp-content/uploads/2013/09/DRPR-Richtlinie_Journalismus_und_PR_02122013.pdf. Zugegriffen: 22. Jan. 2015

Deutscher Rat für Public Relations (2013b) Fall: „Platoon/arte" – Ratsbeschluss. http://drpr-online.de/spruchpraxis/ratssprueche-2012-2/. Zugegriffen: 22. Jan. 2015

Deutscher Rat für Public Relations (2015a) Code d'Athènes. http://drpr-online.de/wp-content/uploads/2013/09/CodeDAthene.pdf. Zugegriffen: 22. Jan. 2015

Deutscher Rat für Public Relations (2015b) Code de Lisbonne. http://drpr-online.de/wp-content/uploads/2013/09/CodeDeLisbonne.pdf. Zugegriffen: 22. Jan. 2015

Eckert T (2014) Praxiswissen Compliance. Erfolgreiche Umsetzung im Unternehmen. Haufe, Freiburg

Eigendorf J (2012) Luxusreisen des Thyssen-Managers auf Firmenkosten. In: „Welt am Sonntag", 11. November 2012. http://www.welt.de/wirtschaft/article110891981/Luxusreisen-des-Thyssen-Managers-auf-Firmenkosten.html. Zugegriffen: 22. Jan. 2015

© Springer Fachmedien Wiesbaden 2015
A. Schach, C. Christoph, *Compliance in der Unternehmenskommunikation,* essentials,
DOI 10.1007/978-3-658-09471-3

Eisenegger M (2012) Moral, Recht und Reputation. In: Rademacher L, Schmitt-Geiger A (Hrsg) Litigation-PR: Alles, was Recht ist. Zum systematischen Stand der strategischen Rechtskommunikation. Springer VS, Wiesbaden

Hoffjann O (2007) Journalismus und Public Relations. Ein Theorieentwurf der Intersystembeziehungen in sozialen Konflikten, 2. Aufl. VS Verlag für Sozialwissenschaften, Wiesbaden

Junc L (2010) Corporate-Compliance-Berichterstattung in Deutschland. Eine theoretische und empirische Analyse. Gabler Research, Essen

Kamm S, Rademacher L (2012) Im Fadenkreuz der Öffentlichkeit: Compliance-Kommunikation als Reputationsschutz. Compliance Communication Center und MHMK Macromedia Hochschule für Medien und Kommunikation, München

Knitter J (2013) Compliance-Schulungen. http://www.bvdcm.de/news/4-teil-compliance-schulungen-und-compliance-tests. Zugegriffen: 3. Sept. 2014

Kreuder T (2011) Jeder weiß, was Recht ist – Compliance verständlich gemacht in sieben Thesen. In: Möhrle H, Schulte K (Hrsg) Zwei für alle Fälle. Handbuch zur optimalen Zusammenarbeit von Juristen und Kommunikatoren. FAZ Verlag, Frankfurt a. M

Krügler Eberhard (2014) Compliance – Ein Thema mit vielen Facetten. In: UmweltMagazin, Heft 7/8 (2011): http://www.hlfp.de/fileadmin/redaktion/1._Aktuelles/Fachartikel/Compliance_-_ein_Thema_mit_vielen_Facetten.pdf. Zugegriffen: 1. Sept. 2014

Leipziger JW (2004) Konzepte entwickeln. Handfeste Anleitungen für bessere Kommunikation, 3. Aufl. F.A.Z.-Institut, Frankfurt a. M

Mast C, Huck S, Güller K (2005) Kundenkommunikation. UTB, Stuttgart

Müller S (2013) Compliance ist Kommunikation. http://www.bvdcm.de/news/compliance-ist-kommunikation. Zugegriffen: 3. Sept. 2014

PriceWaterhouseCoopers AG/Martin-Luther-Universität Halle-Wittenberg (2010) Compliance und Unternehmenskultur. Zur aktuellen Situation in Großunternehmen

Rademacher L, Köhler A (2014) Risiko- und Reputationsschutz durch Compliance-Kommunikation. In: Stumpf M, Wehmeier S (Hrsg) Kommunikation in Change und Risk. Springer VS, Wiesbaden, S 235–270

Schach A (2015) Advertorial, Blogbeitrag, Content-Strategie & Co. Neue Texte der Unternehmenskommunikation. Springer, Wiesbaden

Schautes D, Kunath N (2011) Compliance „einfach richtig" vermitteln. In: kommunikationsmanager, Ausg. 3. S 22–25

Schenk C, Steßl A (2013) Benchmark-Studie zum Compliance-Management. In: ZRFC, Nr. 06. Erich Schmidt Verlag, Berlin

Schmidbauer K, Knödler-Bunte E (2004) Das Kommunikationskonzept. Konzepte entwickeln und präsentieren. Univ. Press, Potsdam

Steßl A (2012) Im Blickpunkt: Erfolgreiche Compliance-Kommunikation. Betriebsberater, BB 67(41):6–7

Stumpf M, Wehmeier S (Hrsg) (2014) Kommunikation in Change und Risk. Springer VS, Wiesbaden

Szyszka P, Schütte D, Urbahn K (2009) Public Relations in Deutschland. Eine empirische Studie zum Berufsfeld Öffentlichkeitsarbeit. UVK, Konstanz

Unverzagt A, Gips C (2010) Handbuch PR-Recht. Helios, Berlin

Vetter E (2008) Compliance in der Unternehmerpraxis. In: Wecker G, van Laak H (Hrsg) Compliance in der Unternehmerpraxis: Grundlagen, Organisation und Umsetzung. Gabler, Wiesbaden

Wecker G, van Laak H (Hrsg) (2008) Compliance in der Unternehmerpraxis: Grundlagen, Organisation und Umsetzung. Gabler, Wiesbaden